シリーズ「遺跡を学ぶ」001

北辺の海の民

モヨロ貝塚

米村 衛

新泉社

北辺の海の民
―モヨロ貝塚―

米村　衛

【目次】

第1章　モヨロ発見の物語……4
1　オホーツクの海辺……4
2　モヨロ貝塚の発見……8
3　バリカンと考古学……14
4　博物館をつくる……18

第2章　モヨロ貝塚の発掘……26
1　北端の遺跡をねらえ……26
2　モヨロを掘る……33
3　モヨロ人はどこから……45
4　発掘の波紋……53

第3章　オホーツク文化の解明……57
1　海洋狩猟民の文化を追う……57
2　オホーツク文化研究の深まり……69
3　オホーツク文化のなかのモヨロ貝塚……80
第4章　モヨロ貝塚の現状とこれから……88

第1章　モヨロ発見の物語

1　オホーツクの海辺

北辺の大地

日本列島の最北端の海、北海道のオホーツク海の沿岸には、宗谷岬から知床岬、納沙布岬にわたる長い浜辺がひろがっている。冬の北西風が吹きつけるこの海岸線は、五〇〇キロにもおよび、ゆるやかなうねりをもった小砂丘とミズナラ、ハルニレ、ハマナスなどの灌木を中心とした疎林がつづく。南北に弧状にのびる海辺の南東岸、知床岬近くに網走市モヨロ貝塚はある。北のきびしい自然のなかで育まれた古代文化、オホーツク文化を代表する遺跡である。

一月から三月にかけて流氷が押し寄せるオホーツク海沿岸は、流氷の接岸する世界でもっとも南の地域にあたり、国内でも特異な自然環境にある。年間の平均気温は六度と低いが、夏は三〇度以上、冬はマイナス二〇度近くと一年を通しての寒暖の差が激しいことも大きな特徴である。こうした気象条件が、北海道のなかにあっても季節ごとの彩りがあざやかな、いわゆる北海道らしい景観を描き出し、現在では多くの観光客が訪れる。

一年は陸も海も白く覆われるもっとも長い冬にはじまり、新緑がまぶしい春、いっせいに咲きほこる花々と動物たちが活発に活動する夏、紅葉をみせる広葉樹と深い緑の針葉樹がモザイクを織りなす秋、そしてまた流氷に覆いつくされ、すべてが白一色となる冬という、激しくきびしい四季の移り変わりがみられる土地である。

しかし、日照率は四〇パーセント以上と高く、年間の降雨量は一〇〇〇ミリ以下と非常に乾燥し、降雪も四〇センチほどにとどまる。際立った自然の猛威の少ない安定した気候ともいえ、北国としては比較的居住に適した地域である。また、流氷によってもたらされた多くのプランクトンをふくむ養分の高い海水は、良好な漁場を生みだし、海岸沿いにはドングリなどの堅果類を豊富に備えた林がみられる。

図1●空から見たモヨロ貝塚（中央の森）

こうした豊かな自然の恵みを包み込む沿岸部には、古代からの遺跡が数多く発見されている。とくにモヨロ貝塚のある網走は、長くのびた海岸線にあって唯一、大きく突き出た岬、能取岬の南東側の内湾した場所に位置し、冬のきびしい北西風を防ぎ、やわらげてくれる居住に適した立地をもつ。古くは幕末のころより網走番屋、網走場所として栄え、その後、沿岸域の中心的な漁場の役割をになってきた。

モヨロとは、アイヌ語の「モイ・オロ」から転化した地名といわれ、その意味は「湾の内側」。まさにその名が示すとおりもっとも内湾したあたり、オホーツク海へと注ぎ込む網走川の河口に貝塚は残されている。

実際、モヨロ貝塚ではこの恵まれた条件のもと、オホーツク文化を中心に、縄文から続縄文、擦文、アイヌ文化と各時代にわたり、集落が形成されたのである。

北からの文化

自然環境と同様に、北海道の古代文化は、本州とは

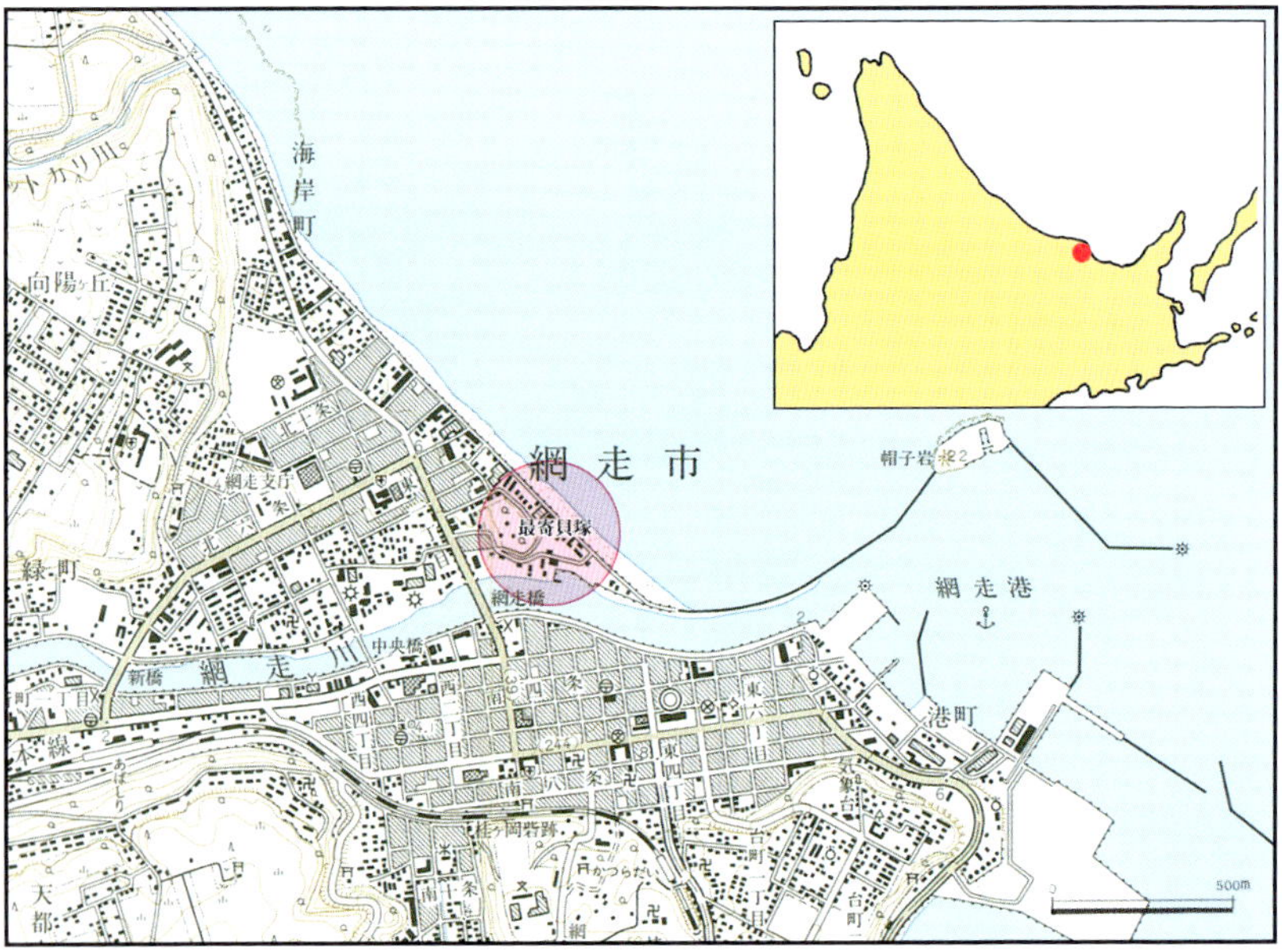

図2 ● モヨロ貝塚の位置

内容や時間的位置づけに若干の差違がみられる非常に独自性の強いものである。

北海道の最初の居住者は、約二万年前、北方の大陸方面から渡来してきた旧石器時代人といわれている。その後、本州に若干遅れ八〇〇〇年前に縄文時代がはじまり、本州が弥生時代に入ったころ、稲作の伝播がみられなかった北海道では、二〇〇〇年ほど前に独自の続縄文時代がはじまる。そして、本州が古墳から平安、鎌倉時代へと移り変わる一四〇〇年前から六〇〇年ほど前に擦文時代をむかえ、その後、アイヌ文化の時代へとつづいていくというのが、北海道における古代文化の基本的な流れである（図3）。

このなかにあって五～九世紀ごろ、続縄文時代から擦文時代にかけて、北方のサハリン（樺太）方面から渡来してきた外来系の文化があった。

多くは擦文文化と併行しながら、海岸沿いを居住域として活動するきわめて特異な文化である。まさに北の海の幸をもっとも有効に活用した謎の民族、それがオホーツク文化、モヨロ貝塚の人びとである。

年代	本州	北海道
前20000年	旧石器文化	旧石器文化
前10000年	縄文文化	
前6000年		縄文文化
前1000年		
前500年		
0年	弥生文化	続縄文文化
500年	古墳文化	オホーツク文化
1000年	奈良・平安時代	擦文文化
	鎌倉・室町時代	アイヌ文化
1500年	江戸時代	

図3 ● 北海道の古代文化の編年表

2　モヨロ貝塚の発見

アイヌ文化を求めて

今から九〇年前の一九一三年（大正二）九月三日夜、網走駅にひとりの青年が降り立った。函館を発って三日、前年開通したばかりの汽車を乗り継ぎ、ようやくたどりついたところであった。

初秋の冷えきった空気のなか、降車する客も三々五々散り、閑散としたプラットホームの先の闇からは、オホーツクの潮騒が響き、北の終着駅を強く感じさせる。改札口をでた青年は、提灯を下げた宿の客引きたちをすり抜け、駅近くの安宿に投宿した。この最果ての街に歩み入れた青年こそが、モヨロ貝塚を発見することとなる若き米村《よねむら》喜男衛《きおえ》（図4）であった。

前年の一九一二年（明治四五）五月、東京で床屋職人をしていた米村は、仕事のかたわら独学で考古学をつづけるうちにアイヌ文化に強くひかれ、北海道への旅立ちを決めた。しかし、汽車と連絡船を乗り継ぐ長い旅の果てにたどりついた北海道の玄関口、函館は当時、もはやアイヌの人びとに出会うことが難しい新興の街であった。伝統的なアイヌ文化の姿を目にすることができるのは日高や網走であると、そこではじめて聞かされた。

米村は大きな焦燥感をもちながらも、まずは函館で一年間床屋の職についた。旅の資金をつくるとともに、北海道各地のアイヌ文化の状況を調べ、今後の計画を練る日々をおくったのである。

年号が大正とあらたまった翌一九一三年、二一歳の誕生日である九月一日に、米村はふたたび旅の人となる。未知の道程への不安と高鳴る期待をいだきながら、汽車は開通まもない鉄路を北海道の奥へと進んでいった。途中、札幌を経由し道央の中心地、旭川に一泊、翌日は十勝の池田に一泊した後、網走本線に乗り換え、その終点、網走までたどりついたのであった。

米村が網走に着いた明治時代末から大正時代にかけての北海道は、ようやく開拓政策が軌道に乗り、社会や経済、街並みなど現在の骨格が急速に整う時期にあたる。一九〇八年（明治四一）、国有未開地処分法が改正され、翌年に第一期殖産計画が発表されると自作小農が奨励され、北海道への移民は急増し、その主体はそれまでの漁業者から農業者へと変わっていった。米村が乗り継ぎ北海道を縦断した鉄道網も整備が進められ、入植者の激増に拍車をかけた。

網走は天然の良港として幕末のころから場所請負人による漁場として開かれ、オホーツク海沿岸随一の拠点としての役割をになってきたが、一八九七年（明治三〇）までは人口が三〇〇〇人前後の寒村にすぎなかった。しかし、明治時代末にハッカの作付けが盛況をみせ、網走本線が開通すると、大正はじめには六〇〇〇人、大正末には二万七〇〇〇人を超える急激な街の拡張がみられた。小中学校の開校や各派寺院の開設、また一般家庭にストーブが普及するなど、北国としての最低限の暮らしむきが整えられつつあったころでもある。

図4 ● 若き日の米村喜男衛

貝層のなかの土器片

期待に胸をふくらませ、網走でのはじめての夜をすごした米村は、翌朝早く散歩に出かけた。運命の第一歩であった。

オホーツク海へと注ぐ網走川を左手に見ながら、川と併行して東西にのびる通りを進むうち、河口が望めるあたりで対岸の森に目がとまった。川をはさんだ対岸一帯は当時、モヨリ村と呼ばれる原野で、本来の地形が多く残されていた。

さっそく橋を渡り係留してある漁船の合間をぬって川沿いに下流へと歩んでいくと、先ほどまで川向こうから見えていた樹木は、背丈よりも高い草が生い茂る砂丘であることがわかった。丘は高さが一〇メートル近くもあり、その裾は川の浸食を受け急な崖になっていた。

そこで米村は、草をかき分け登ろうとしたそのとき、崖の断面に貝殻が層をなして露出しているのを目にしたのであった。

近づくと貝は二重三重にも重なり、厚さが一メートルにもおよんでいた。自然の堆積ではないことを直感する。さっそく貝層を崩してみると、そのなかからは土器や石器、骨角器をはじめ、獣骨の破片が数多くあらわれた。まさに貝塚発見の瞬間である。さらに、その崖を登っていくと、砂丘の上に大きな竪穴の跡が埋まりきらずに残る窪地がいくつも目に飛び込んできた。貝塚をともなった集落跡の発見であることを確信したのであった。

さらに驚きはつづく。発見した土器をくわしく見ると、これまで見聞きしてきたものとは大きく異なることに注意がひかれた。全体に黒褐色を呈し、その表面には縄目《なわめ》や刷毛目《はけめ》がみられ

図５ ● モヨロ貝塚
オホーツク海（奥）と網走川（手前）に挟まれた砂丘に遺跡は広がっている。
上：現在のモヨロ貝塚
左：調査時のモヨロ貝塚

ず、細い粘土《ねんど》紐《ひも》の貼り付け紋様がみられる特異な土器であることに気づいたのである（図7）。

これまで知られていない未知の文化との出合いではないかという驚きが沸き上がってきた。大きな喜びとともに新たな疑問が生じた彼は、この遺跡の重要性を強く感じ、本格的に調査を進めることを心に決めたのであった。そして、この日から六〇年間、モヨロ貝塚の調査と保存を生涯の目的とした米村喜男衛の歩みがはじまるのである。

ところで、この時点で米村の知るところではなかったが、この周辺一帯に遺跡が存在するであろうことは明治年間から知られていた。

石川貞治や旅河卓雄によって、網走川河口左岸一帯から遺物が採集され、竪穴《たてあな》住居跡がみられることが報告されている（石川

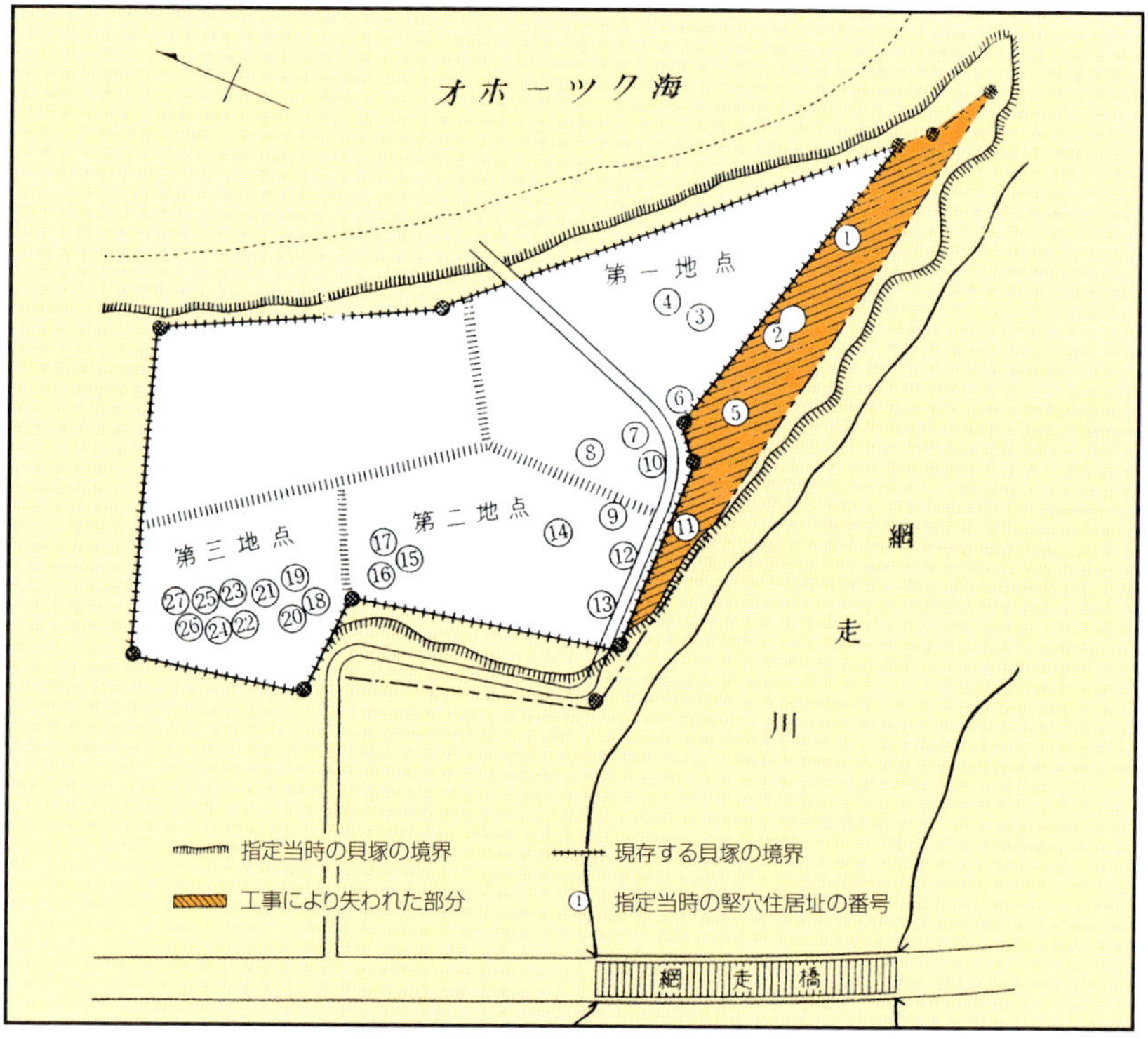

図6 ● モヨロ貝塚の竪穴住居址群（『モヨロ貝塚資料集』より改変）

図 7 ● モヨロ貝塚出土のオホーツク式土器
黒褐色の特徴的な壺形の土器。高さが 30cm を超えるものから 5 cm ほどの小型のものまで、大きさには大中小と変化がある。

貞治「北海道ニ於テアイヌ人種研究ノ急務ト石器時代住民ノ分布」『東京人類学会雑誌』四巻三八号、一八八九年、旅河卓雄「北見国網走の縦穴実見談」『東京人類学会雑誌』九巻九五号、一八九四年）。

しかし、遺跡の所在地は明記されず、その内容の詳細もふれられることはなかった。モヨロが大規模な貝塚であり、特異な文化内容をもつ希有で重要な遺跡として、その歴史的な位置づけが与えられるのは、この大正初期の米村喜男衛の「発見」を待たなければならなかったのである。

3　バリカンと考古学

考古学へのあこがれ

モヨロの丘に立った米村は、どのような歩みのもとでモヨロ貝塚の発見に至ったのであろうか。

米村喜男衛は一八九二年（明治二五）、青森県南津軽郡常盤村大字久井名館に農家の長男として生れた。岩木山を眼前に望む津軽平野のなかの水田地帯である。幼少のころより祖母の手で育てられ、その祖母から毎夜毎夜、津軽に伝わるいくつもの昔話を聞かされたという。こうした民話をとおして未知の世界、古代への強い興味が育まれていったようである。

尋常小学校の三年になった一九〇〇年（明治三三）、米村にとって生涯を決める大きな出来事に遭遇する。裏山の畑で偶然に石のかけらを拾ったのである。郷土史に高い関心をもつ担任の先生から、それが大昔の人びとの道具で、石器というものであることを教えられた。大きな驚きと感動を覚えた少年は古代文化への興味を強くいだき、以来、連日のように土器や石器を求め、周囲の山や丘の探索をはじめる。生家近くには田舎館《いなかだて》遺跡や亀ヶ岡《かめがおか》遺跡などの著名な遺跡が多く、幼少の考古学徒には格好の場所であった。

その後、青森市内の高等小学校に進学してからも考古熱は冷めず、このころには『考古学雑誌』などの専門誌を購入愛読するまでになっていた。しかし、日露戦争が勃発した一九〇四年（明治三七）、高等科三年をむかえた春、実家の経済的な都合により退学。弘前の理髪店の徒弟となった。六年の修業の間も古代への夢は覚めることなく、休日には近隣の遺跡へ出かける日々をおくった。

六年の年期が明け一八歳になった一九一〇年（明治四三）、長年の夢であった上京を決心する。前年に山手線が開通したばかりの東京は、田舎育ちの米村にとってすべてが華やかな街に映った。しかし、床屋職人として働きながら考古学などを学ぶために青年が選んだ職場は、本の入手が容易な古書店街に隣接した神田の理髪店であった。仕事の合間を見つけ、考古学や民族学の文献を探し求め独学をつづける、夢にまで見た日々がはじまる。

黎明期にあった日本考古学界において参考書は少なく、当時の愛読書は八木奨三郎の『考古学研究法』（春陽堂）や『日本考古学』（冨山房）であったという。また、考古学会や人類学会の会報が唯一最新の情報源であり、そこで催される貝塚や遺跡の研究踏査会には必ず参加するようになった。実際の遺跡の様子や遺物の出土する状況を見学するなど、生の遺跡の姿を学ぶ機会をここで積むこととなる。

鳥居龍蔵との出会い

こうした会合へのたび重なる参加のなかで米村は、東京大学人類学教室の鳥居龍蔵《とりいりゅうぞう》の知遇をえる。生涯を通じもっとも大きな影響を受けた人物との出会いであった。鳥居は独学をつづける青年に、若き日の自分の姿を重ね合わせたのであろうか、親身に米村に接し、研究室への出入りや授業への参加もみとめ、遺物の整理なども手伝わせている。鳥居との出会いをとおして米村ははじめて、土器や石器を学術的な資料として扱うことを学ぶ。そして北方文化への強い関心をもつようにもなる。

鳥居は黎明期にあった明治時代の学界において、独自の境地を開き、今日の民族学および人類学の基礎を築いた人物であり、日本においてはじめて北方諸民族を調査研究した先駆者でもあった。一八九五年（明治二八）の遼東半島の調査をはじめに、沖縄、台湾、北千島、満州、蒙古方面へと広大な地域を調査し、膨大な報告文献を残した。

米村はそのなかでも千島列島の調査に強い興味をいだく。ようやく入手した一九〇三年（明治三六）刊行の鳥居龍蔵著『千島アイヌ』は、千島列島に居住するアイヌの人びとの精巧な衣服や小物入れなどの詳細が記録されたはじめての文献であった。大きな感銘を受けるとともに、アイヌ文化への思いをよりいっそう深めることとなった。

北方文化への関心

鳥居の広範な業績で、米村がとくに北方文化に注目したのは、どのような背景があったのであろうか。それは当時の学界全体の動向とかかわりがありそうである。

明治時代の学界の関心は、日本人とは本来どのような人種であったかという一点にあった。明治初頭にシーボルトが日本人の祖先である石器時代人をアイヌとする、いわゆるアイヌ説をとなえて以来、北方地域に居住する民族に原日本人の姿を求める北方人種論が華やかとなった。学界の目は北海道をはじめ、その周辺の千島列島やサハリン方面へとむけられていた。モースによるプレ・アイヌ説や坪井正五郎によるコロポックル説、小金井良精のアイヌ説などに代表される、いわゆる日本人種論争が盛んに論じられていたのである。

しかし、そうした動向にあって鳥居がおこなった千島列島の調査は、千島アイヌが土器を使い、竪穴住居に暮らしていることを明らかにし、アイヌと石器時代人との文化的連続性を証明した。それは自らの師である坪井のコロポックル説を覆す決定的な証左をもたらすとともに、アイヌが原日本人の候補となりうる可能性を強く示唆するものであった。明治時代末の学界の目はいっせいにアイヌ文化へと注がれることとなる。

当然、米村もこうした動向のもと、鳥居の本を開いたはずである。実際のアイヌ文化にふれ調査することは、これまで学ん

図8 ● 恩師、鳥居龍蔵

できた考古資料を、実際につくり生活していた古代人の末裔の研究であり、それをとおして古代文化の解明の具体的な糸口を探ろうとしたことは想像に難くない。そして、その思いは早急に行動へと移されたのである。

短いながらも充実した東京での二年間を過ごした一九一二年五月、二〇歳の米村は上野駅のホームに立った。北海道に向かう列車を待つ青年の手にする鞄に入っていたのはバリカンと『千島アイヌ』であった。

4 博物館をつくる

「米村理髪店」と発掘

米村喜男衛がモヨロ貝塚と出合った大正初期の網走は、電気や電話もない新興の北端の街であった。この時期は全国的に不景気のどん底ともいわれ、生活していく道を切り開かねばならない米村は、資金もなく思案にくれた。とくに北海道はこの年、冷夏による大凶作で入植まもない人びとは深刻な状況に追い込まれていた。そうしたきびしい社会状勢のなか、米村はふたたび床屋職人としての腕を生かす道を探る。近隣の山々をめぐり、小屋住いの造材労働者の散髪をして床屋開店の資金を調達することを思い立つ。

さっそくバリカンを手に山へと入っていった彼は、モヨロ発見から二カ月後の一一月、街の空家を借り、小さいながらも米村理髪店を開店させた。生来の人懐っこさに加え、看板には大きく「ババーショップ」。「東京から来た床屋さん」とのものめずらしさも手伝い評判となり、仕事は順調な出発をした。翌年には第一次世界大戦が起こり、戦火の舞台となったヨーロッパの穀倉地帯が大打撃をうけると、北海道は一転、突然の好景気に沸く。多くの豆成金が生れ、北の街は活況を呈し、仕事もその波に乗り店舗は大きくなっていった。

生活の基盤が固まるにつれ、モヨロ貝塚の調査も本格的に進められていった。仕事前の早朝に遺跡へ出かけ調査。昼は床屋。夜は集めた資料の整理、分類という日々がつづき、徐々に貴重な資料が蓄積されていった。一九一五年（大正四）には、それまで収集・整理した遺物を携え上京、鳥居龍蔵のもとを訪れ指導を受ける。鳥居はモヨロ貝塚の土器に旧満州地方のものとの類似性を指摘し、北方地域とのつながりを示唆した。未知の文化の輪郭がおぼろげにうかがわれ、継続的な調査の必要性を強く感じることとなった。

一九二〇年（大正九）には、遺跡に隣接して築港工事がおこなわれ、数多くの遺物を採集した。河岸に沿う厚い貝層のなかからは、土器や石器、骨角器とともに人骨も発見された。一九二五年（大正一四）には、米村の招聘により喜田貞吉、翌年には清野

図9 ● 上：米村喜男衛が網走に来て、はじめて開いたババーショップ（1913年）
下：新装なった米村理髪店
店舗の一部に収集したモヨロ貝塚の資料を展示した。

謙次らの著名な学者が訪れ、貝塚の視察や調査をおこなうなど、一部の学者の注目を集めるようになった。しかし、大正年間を通じての調査は、米村を中心とした小規模なものにとどまっていたのである。

活発な地域活動

こうした日々の調査のなかにあって、一九一七年（大正六）、米村は同好の志を集め、町内の教職員を会員とする網走史迦会《しさんかい》を発足した。郷土に伝わる文化財を保護し研究するとともに、新興まもない新天地に、郷土への愛情を芽吹かせることを第一の目的に掲げたものであった。自宅店舗の一部を会の事務所とし、それまで収集してきたモヨロ貝塚の資料を展示した。また、アイヌ文化の伝承を元に米村が戯曲化した子ども劇の上演もおこなうなど、地域にかかわる伝統的な文化の啓発活動も精力的にくり広げた。それらは文化的な事業に枯渇していた街の人びとに、大きな喜びをもって迎えられた。

そして会員も徐々に増え、周辺町村からの入会者もみられるようになった一九二八年（昭和三）、同会は発展的に解散し、北見郷土研究会へと生れ変わる。北海道庁網走支庁長を会長に、米村が幹事長となり、より広範なオホーツク海沿岸全域を対象とした郷土の研究会となった。

さっそく米村は会報『郷土研究』の創刊号に「郷土先史考」を発表。一九三一年（昭和六）には『アイヌ人とその史前』（北見郷土研究会）を刊行する。発見以来、大正時代を通じて調査、収集してきたモヨロ貝塚の資料を中心に紹介し、土器の特異性を問いかけた。また、一九三三年（昭和八）には『北見郷土史話』（北見郷土研究会）を出版。入植者から聞き取った開墾時の状況を当時の生活用具とともに記載し、苦渋に満ちた開拓当時の様子を描きとめたもので、多くの町民に親しく読まれることとなった。

このように米村はモヨロ貝塚に導かれ、単身移り住んだ北の街において、遺跡の調査を進めながらも、北見郷土研究会の活動などをとおして、急速に地域にとけ込んでいった。同時にこのことが地元住民へのモヨロ貝塚の認識の深まりを促す大きな要因となり、そして、これが戦後の総合的な学術調査の実現へと結びついていくのである。

一方、米村は中央の学界にもモヨロ貝塚の重要性を喚起する。一九三二年（昭和七）、『史前学雑誌』（四巻三・四合併号）に「北海道網走町出土土器に就いて」を発表。発見以来一〇年の資料的な蓄積にもとづく学界へのはじめての報告であった。

発見された竪穴住居跡が一〇から一五メートルを超える非常に大型のものであること、その周辺にホタテガイ、アサリ、オオノガイなどを主体とした一メートルにもおよぶ厚い貝塚があり、数多くの埋葬人骨が発見されていることなどを報じた。とくに出土した土器は、薄手《うすで》浮文《ふもん》土器と分類できる、きわめて特徴的な土

図10 ● 墓を発掘する米村喜男衛

器であることを指摘した（図11）。あわせて同一層位からは、多彩な骨角器や漁撈具と考えられる大型の石錘《せきすい》などが出土していることにも注意を促がした。こうしてモヨロ貝塚の特殊性を強調し、その概要を紹介したのである。

オホーツク文化の認定

一九三三年（昭和八）、札幌で開催された北海道原始文化展覧会は、モヨロ貝塚にとって大きな意味をもつものであった。この展覧会ではモヨロ貝塚をはじめ、サハリン、礼文、稚内、根室、千島列島などの土器が一堂に展示され、オホーツク海をめぐる各地域で同様な土器が出土していることがはじめて具体的に明らかにされた。

展示解説目録である『北海道原始文化集英』において河野広道は、「北海道式薄手縄文土器」という項目のなかで、モヨロ貝塚などの一群の土器を「オホーツク式土器群」としてまとめ、そのうえで「オホーツク海沿岸文化の石器時代後期から金属器時代に亘る文化を代表する土器群である」こと、「樺太から北海道の東北部、利尻、礼文の両島を包み、稚内から網走、根室を経て千島まで分布し、日本海を下って忍路、江差付近まで少数ではあるが見出される」と、その時代と広がりの概要を述べた。

さらに河野は一九三五年（昭和一〇）には、オホーツク式土器群が擦文《さつもん》式土器群とそれぞれ独自の文化をもち、時間的にも併存していたものとした（「北海道の石器時代の概要」『ドルメン』四巻六号）。米村がその特異性に注目してきたモヨロ貝塚の土器は、「オホーツク式土器」

として、はじめて歴史的な位置づけがあたえられたのである。

また、米村は一九三五年に「北海道網走町モヨリ貝塚中の人骨埋葬に就いて」(『人類学雑誌』五〇巻二号)を発表する。モヨロ貝塚のもうひとつの大きな特徴である墳墓についての紹介であった。

上層にアイヌ文化の伸展葬《しんてんそう》、下層からは遺体頭部を土器で覆う被甕《かぶりかめ》の風習をもつ屈葬という上下二層にわたる出土状況を詳述した。とくにオホーツク式土器をともなう下層の墓では、その多くで墓の上面に石が置かれていたことを指摘した。また、稀少な例として、平石を四角に立て囲ったなかに焼骨を収める、ほかに例をみない特殊な墓も報じている(図12)。副葬品には蕨手刀《わらびてとう》、袋柄《ふくろえ》鉄鉾《てつぼこ》などがみられることに注目し、奈良時代の本州の影響を考察するとともに、鈴、石環《せっかん》、景祐元宝などからサハリンを介する大陸との関係も考慮し、モヨロ貝塚が隣接する両文化との盛んな交流のもとにあったことを推察したのであった。

図11 ● 浮文のほどこされた深鉢形土器

図12 ● 石組みの焼骨墓

「北見郷土館」の設立

このように調査成果が徐々に公になり、モヨロ貝塚資料の重要性が知られるにつれて、資料の見学者も次第に増えていった。理髪店の一間を郷土室として資料を納めていたが、増加する資料を前に年々手狭となり、商店街という立地条件からも、防災上、新たな保管場所の確保が早急な問題となってきていた。

そうしたなかで常連客のひとりに当時東洋一を誇っていた住友鴻之舞鉱山の技師がいた。モヨロ貝塚の学術的な価値を十分理解していた技師は、住友財閥から寄附をえて独立した本格的な博物館を建設することを提案する。紆余曲折を経ながらも交渉は進み、社団法人北見教育会のもとに住友鉱山からの寄附は実現され、博物館建設の基金は整った。米村が長年にわたり収集したモヨロ貝塚の出土資料やアイヌ文化資料など三〇〇〇点を中心に博物館の構想は練られる。設計はアメリカの建築家、フロイド・ライトの直弟子にあたり旧帝国ホテルの建設にも携わった北海道の先駆的な洋風建築家、田上義也に依頼された。

一九三六年（昭和一一）一一月、新たな博物館、その名も「北見郷土館」は開館の日をむかえた。オホーツク海沿岸地域の自然、歴史、産業資料にわたる包括的な展示をおこない、郷土であるこの地域のあり方を伝えることを目指したものであった。その中心はあくまでもモヨロ貝塚からの出土資料である。正面中央の赤いドームが特徴的な洋風建築は、博物館として建てられた北海道最初のものであり、北端の文化的な灯台をイメージしたものであった（図13）。

モヨロ貝塚は同年一二月、国史跡の文化財の指定をうけ、法的にも保護される。当時の議案の説明文にはつぎのように記されている。「網走川ノ河口ナル左岸台地ニ在リ　主トシテ二重ノ層ヲ示シ層中ニ鳥獣魚骨ヲ包含シ又人骨ヲ存ス　下層ノ人骨ハ甕被リ屈葬ノ状態ニ発見セラレ土器石器骨角器ヲ判セリ　上層ノ人骨ハ伸展葬ト認メラレ副葬品モ下層ノモノト異リ　文化ノ変遷ヲ見ルベキ遺跡トシテ重要ナリ　又地域内ニ二十八個ノ穴居址アリ」とある。地道な調査を始めてから二〇数年、貝塚の概要とその重要性を明確に語ることができるようになり、ようやく米村の望みが結実したのであった。しかし、ロンドン軍縮会議が開催されたこの年、軍靴の響きは間近に迫っていた。モヨロ貝塚解明の歩みは中断をよぎなくされるのであった。

図13 ● 北見郷土館（現・網走市立郷土博物館）
1936年（昭和11）に北海道初の博物館のひとつとして開館。
赤いドームが特徴の左右対称形の洋風建築である。

第2章　モヨロ貝塚の発掘

1　北端の遺跡をねらえ

海軍基地から遺跡を守る

モヨロ貝塚が国史跡に指定され、博物館が開館した後の一九三〇年代後半は、第二次世界大戦の時期にあたる。北端のオホーツクの海辺も戦時下の影響に直撃されることとなる。一九四一年（昭和一六）、太平洋戦争が開戦すると、隣接する内陸に航空基地をもつ海軍は、モヨロの海岸に軍事施設の建設を計画する。遺跡のほぼ中央が占拠されるこの計画は、遺跡を消滅の危機に直面させた。計画を知った米村は、さっそくモヨロの重要性を軍関係者に切々と訴え、工事の回避を願い出た。戦時色一色のこの時代、周囲の心配をよそに身を賭しての強い信念にもとづく行動であった。その結果は文部省をも動かすこととなり、工事は着工直前に急きょ変更された。一部は史跡指定が解除され失われたが、遺跡の破壊を最小限におさえ、遺跡の主要部分は当時の姿をとどめることとなった。さらにその副産物として、工事区域については二カ年にわたって緊急に発掘調査がおこなわれ、予期せぬ大きな収穫がえられた。

調査は米村を中心に、その依頼をうけた北海道大学の児玉作左衛門、伊東昌一、大場利夫、名取武光らが参加し、貝層や住居址が発掘された。一〇〇体を超える人骨とともに、縄文文化、擦文文化、そしてオホーツク文化にわたる多くの遺物が発見された。

主体はオホーツク文化期のもので、完形の土器が約一八〇点、骨角器が約一五〇〇点、石器約一二〇〇点、鉄刀《てっとう》、鉄鉾《てつぼこ》などの金属器が約六〇点といわれている。その成果は後年、大場利夫によって『北方文化研究報告』誌上で詳細が報告されることとなるが、膨大な出土量の前に調査に参加した者たちは圧倒され、あらためてモヨロ貝塚の遺跡としての重要性を認識した。

オホーツク文化研究の基本的枠組み

一九四二・四三年（昭和一七・一八）にかけて、米村は『古代文化』（一三巻一二号、一四巻一〜四号）誌上に「北方日本の古代文化」と題して、網走地方の古代文化を概観するとともに、モヨロ貝塚の概要を報告した。発見以来、携わってきた調査成果の集大成である。

墓壙《ぼこう》を中心とした一二回にもおよぶ調査を詳細にふりかえり、その墓のあり方をつぎのようにとらえた。「死者は西北を頭位とし、背面を下部として仰向けとなし、両手は胸部にまわすものが多く、膝は腹部の上に二肢共に折り曲げて居り、（中略）その死体の副葬品は石器、土器、骨器であるが、中には鉄器も伴う場合がある」と。そこには今日明らかとなっているオホーツク文化の墓制の特徴が、ほぼ指摘されていた（図14）。

これに前後して、サハリンや千島列島における調査が精力的にすすめられ、名取武光、後藤寿一、馬場脩、新岡武彦、稲生典太郎、杉原荘介らの論考が相次いで発表され、北海道をとりまく周辺地域の様相も少しずつ明らかにされていった。

その結果として、それぞれの調査地域の違いによって仔細な相違がみられるものの、オホーツク文化、そしてオホーツク式土器については、ほぼ共通した理解が形づくられる。すなわち、サハリンから北海道のオホーツク海沿岸、千島列島に分布をもつこと、北方的な要素を強く備えた文化であること、その時期が古代文化の終末に近いことなど、オホーツク文化研究の基本的な枠組みが確立されたのである（図15）。しかし、戦局はいっそう拡大され、人びとの暮らしは圧迫されていく。遺跡の本格的な調査と研究は、終戦を待たなければならなかった。

西の登呂に東のモヨロ

一九四五年（昭和二〇）八月、第二次世界大戦は終結をむかえた。翌年には日本国憲法が発布され、戦前戦中をとおして歴

図14 ● 屈葬された人骨
仰向けにして手足を折り曲げ、頭に壺を被せ葬る。

史学をおおってきた神話的な歴史観は崩壊することとなった。考古学資料には新たな価値があたえられ、日本考古学は息を吹き返したのである。従来にはあまりみられなかった複数の大学や研究機関が連携して調査にあたるという共同研究の気運も芽生えた。

この新しい研究姿勢を実現するはじめての場として選ばれたのが静岡県登呂遺跡であり、そしてこのモヨロ貝塚であった。一九四八年（昭和二三）の日本考古学協会発足の契機ともなった両遺跡の発掘は、「西の登呂に東のモヨロ」とも呼ばれ、戦争により中断され、研究の再開を渇望していた考古学研究者たちに大きな期待をもってむかえられた。

戦前から米村らを中心とする長い調査の歩みをもち、学界の一部で注目を集めてきたモヨロ貝塚に対して戦後いち早く注目したのは、島村孝三郎をはじめとする東亜考古学

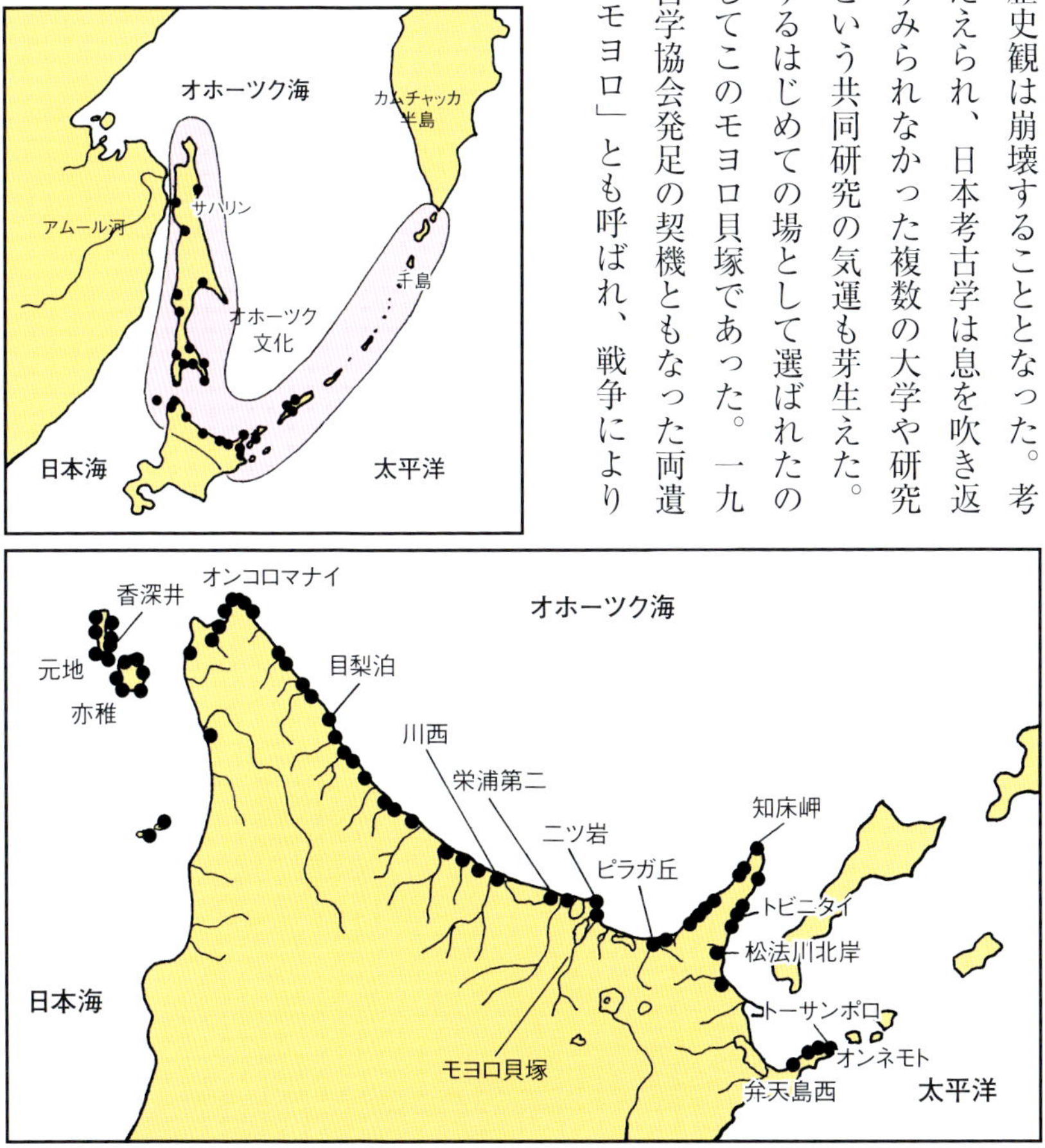

図15 ● 北海道におけるオホーツク文化の遺跡分布

会の研究者らであった。彼らは終戦の翌年、登呂遺跡の調査計画をすすめるとともにモヨロ貝塚を訪れ、遺跡の状況をつぶさに視察し、米村に調査の協力を依頼する。

京都大学の浜田耕作や東京大学の原田淑人を中心に大正末に設立された東亜考古学会は、当時日本が占有していた満州から蒙古にかけての中国東北部を中心に精力的な調査をすすめ、北方の諸文化の解明をめざしていた。しかし、敗戦とともにそれまでの研究の足場を失い、新たな調査地域を模索していた彼らの目には、積み重ねてきた北方地域での調査成果の延長上に、モヨロ貝塚の北方的な要素は大きな魅力をもって映ったものと思われる。この遺跡をとおしてそれまでの自らの調査の軌跡をふりかえり、日本の古代文化のなかに位置づけようとしたのであろうか。いずれにしても彼らによってモヨロ貝塚は新たな扉が開かれることとなる。

図16 ● モヨロ貝塚発掘調査団

原田はさっそく米村と協議を重ね、金田一京助、児玉作左衛門を顧問にむかえ、実際の発掘調査にむけての準備にとりかかった。原田らの積極的な活動によって、終戦から二年目の一九四七年（昭和二二）、早くもモヨロの調査は実施されることとなる。同年夏におこなわれた登呂遺跡の調査が終了すると同時に、多くの研究者がモヨロへと集結した。

調査は登呂遺跡と併行しながら三年にわたっておこなわれた。その間、国内の考古学研究者の多くが発掘に加わったが、中心となって携わった調査団の構成はつぎのような人たちであった。原田淑人を団長とし、東京大学文学部考古学研究室、同理学部人類学研究室からは駒井和愛をはじめ小林知生、中島寿雄、関野雄、田辺義一、佐藤達夫、中川成男、井口大介ら、北海道大学医学部解剖学研究室、同農学部附属博物館からは児玉作左衛門、河野広道、伊藤昌一、名取武光、大場利夫などが参加し、網走市立郷土博物館からは米村が加わる体制であった。そのほか、学生や地元の高校の生徒らを混じえ、常時四〇～五〇人ほどが参加し、活気に満ちた調査風景がくり広げられた。

しかし、この終戦直後の社会的な激動期にあたり調査が実現できたのには、多くの地元住民の理解と協力が大きな原動力となっていたことを忘れてはならない。調査団の滞在費の一部は、地元有志で組織された「最寄貝塚調査後援会」により集められた資金によってまかなわれている。未曾有の食糧難の時期に常時四〇人を超える調査団の食糧を確保し提供しつづけたのは、地元の農家や漁業者のモヨロに対する熱い厚意以外の何ものでもなかった。大正時代からモヨロの成果を地元に還元してきた米村の視点と行動が、調査実現の根底に流れていたのであろう。

第一次調査は一九四七年の九月二七日から一〇月一六日まで。オホーツク文化期の七号竪穴を発掘するとともに、貝塚近くに発掘区を設け墳墓を調査した。つづく第二次調査は翌年の九月一八日から一〇月一〇日

図17 ● 調査の様子

まで実施され、七号竪穴に隣接するオホーツク文化期の大型住居である一〇号竪穴と、前年に引き続き墳墓を調査。最後の第三次調査は一九五一年（昭和二六）の一〇月四日から一二日まで、遺跡の全体像の把握をめざし、遺跡北西側に点在する小型の住居址群が調査された。

終戦の混乱期にあたり、熱い情熱をもって実施された三次にわたる調査は、従来までの断片的な資料によって語られてきたこの遺跡の姿を具体的に明らかにするものであった。オホーツク文化はその全容を解き明かす格好の材料が提供されたのである。

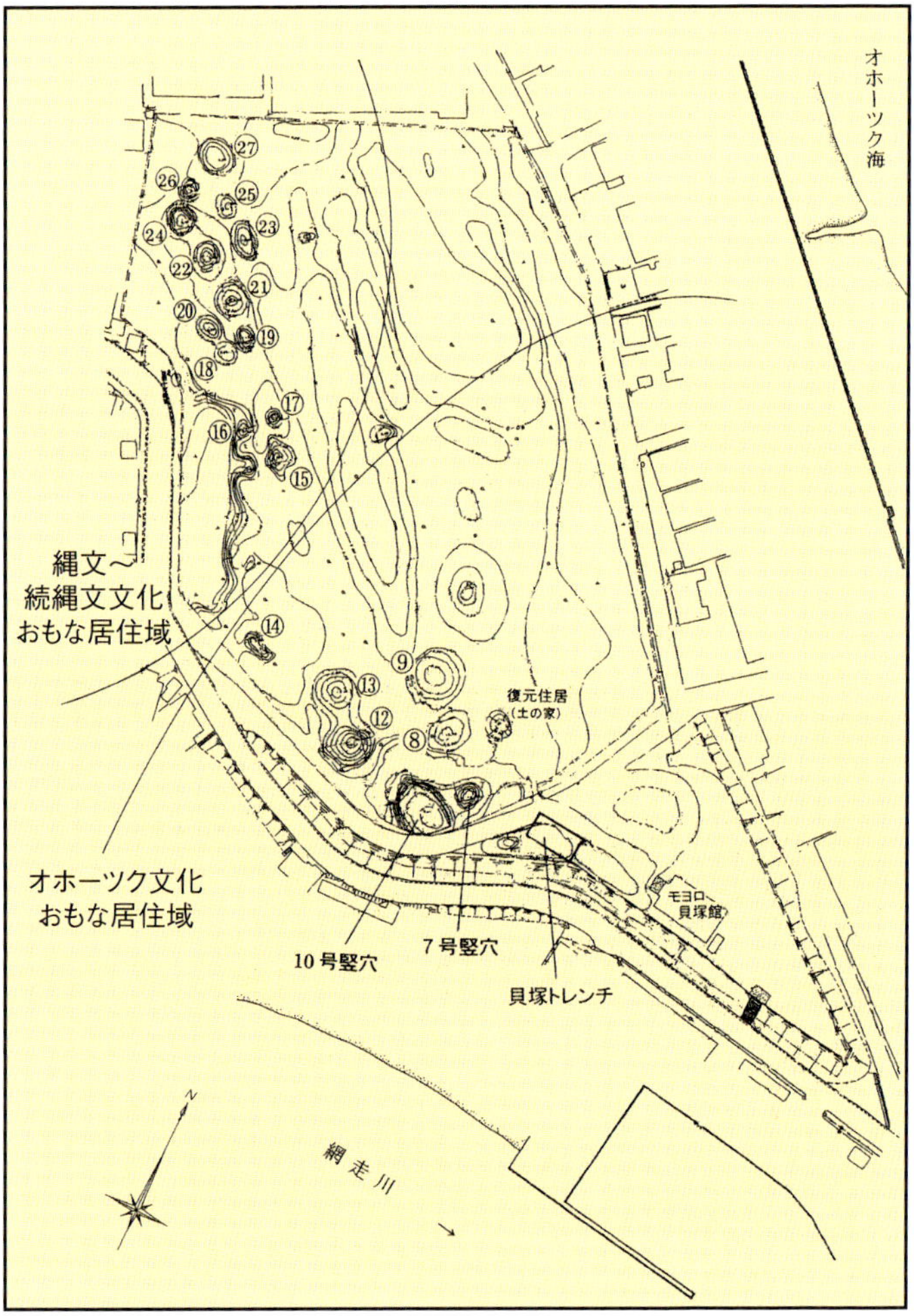

図 18 ● モヨロ貝塚の全体図（1971 年測量）

2　モヨロを掘る

モヨロの風景

戦後の大規模な調査を通じて、豊富な貝層とともにオホーツク文化から続縄文、縄文文化にかけての多くの遺物と遺構が検出された。遺跡は網走川の河口に位置し、オホーツク海と網走川に挟まれた三角形状の砂州に貝塚と竪穴は広がる。海側にむかって緩やかに傾斜する標高六メートルほどのほぼ平らな砂丘で、北側は海、南側には河川をのぞむ場所に立地している。現在はハルニレなどを中心とした広葉樹の林となっているが、本来的には灌木と草地からなる比較的に見通しのよい林であったといわれている。

貝層　発見の契機ともなった貝層は、砂州の先端部に集中している。砂地の表土から三〇センチほどのところでいくつもの層をなして発見された（図19）。おもなものはウバガイ、アサリ、ホタテガイなどであり、とくにウネナシトマヤガイなどの温暖水系の貝類が含まれていたことは、現在よりも当時の気温が平均して高い状態にあったことを示していた。クジラやアザラシ、トド、エゾシカ、イヌなどの獣骨片のほか、土器や骨角器、石器などの数多くの遺物も混在しており、その内容の豊富さが驚きをもってむかえられた。

図19 ● 貝塚の堆積状況
ウバガイ、マガキなど豊かな貝層には、
海獣を中心に多くの獣骨片が堆積していた。

大型住居跡　貝塚に隣接する地点には大型の住居跡が点在する。貝塚と同じく、網走川に沿うかたちで砂丘南側の縁辺部に集中して残されていた。史跡指定当時は二八軒確認されていたが、戦前の工事などにより砂州先端部の竪穴は失われ、現存しているのは二〇軒ほどである。調査は林の南東縁、網走川河口側をのぞむ二軒の住居址が選ばれた。北海道の遺跡の多くがそうであるように、モヨロの竪穴も大きな窪みとなって確認できた。いずれも直径が一〇メートルを超えるもので、その規模の大きさとともに、特異な内容が予測され、調査には大きな期待が寄せられた。

モヨロ貝塚人の住居と暮らし

七号竪穴住居址　住居址の調査は東京大学を中心に進められた。第一次の調査では七号竪穴住居址が発掘対象として選ばれた。まず、窪みの中央を五〇センチほど掘り進んだあたりで、それまでの脆弱な砂地とは異なる硬い床面が検出された。地表からの深さは、一・五メートルほどで、長軸一一メートル、短軸八メートルほどの大型の住居址であることが明らかとなった。床面積にすると一〇〇平方メートルにもなる大きな家屋である。床面の形状は隅が丸くなった五角形という特異なもので、その床面からは数多くの土器とともに、石器、金属器、骨角器の豊富な道具類が出土した（図20）。

屋内にはいくつかの特殊な施設がみられた。家のほぼ中央には、二〇個ほどの自然石で囲まれた一メートル四方の石組みの炉が発見された。その周囲にはコの字型にとりかこむように、

ヒグマの頭骨が整然と積み重ねられた骨塚

西からみた発掘後の7号竪穴

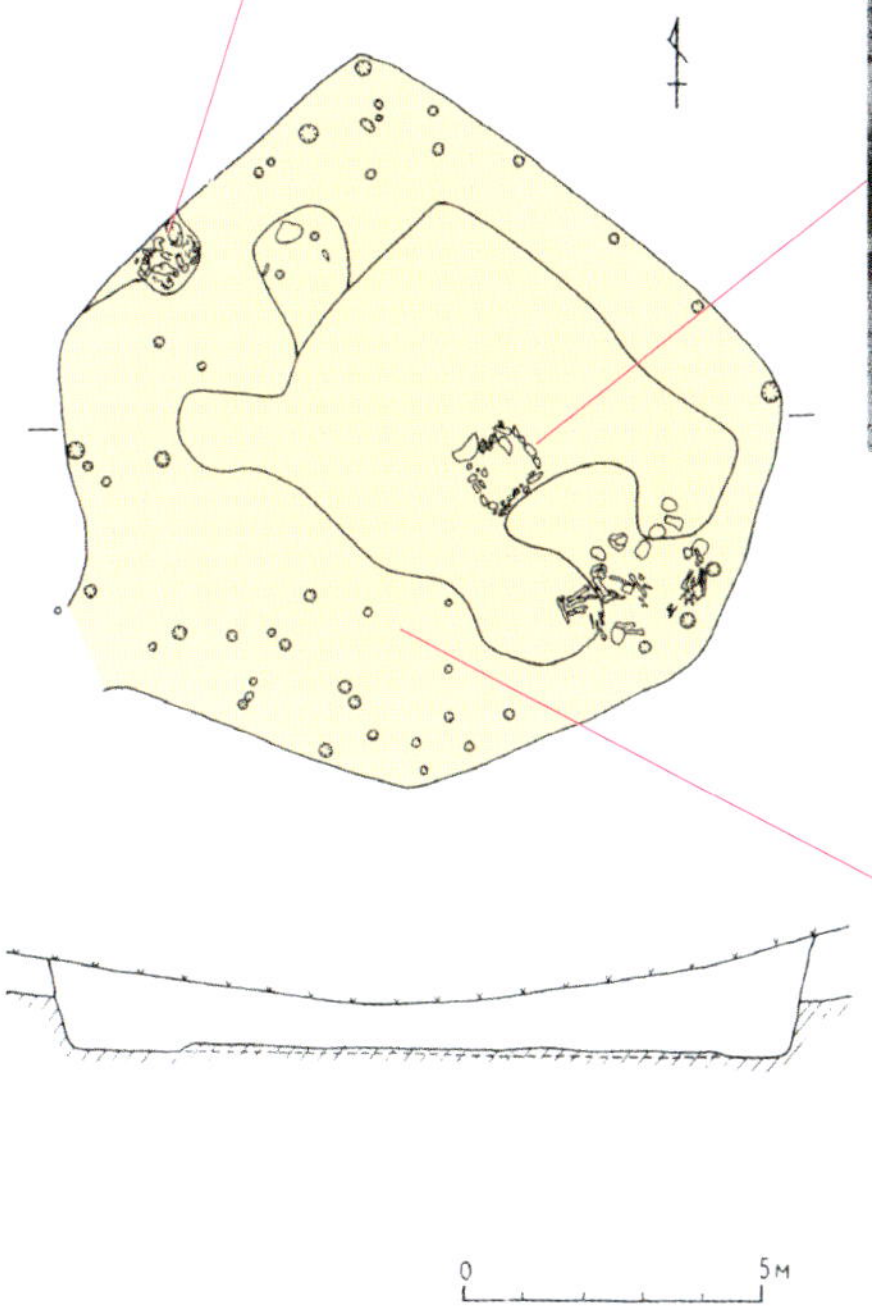

石組みの炉址

床面の状況

図20 ● 7号竪穴住居址の概要

粘土の貼り床が幅一メートルほど帯状につづいていた。

また、貼り床の外側の床は、砂地のまま壁面までつづいていくが、東西の壁面寄りからは、それまでに例をみない特殊な遺構が発見された。西北壁に近い砂床には、鼻先を家の内側に向ける形で、いくつものヒグマの頭骨がていねいに並べられていたのである。一方、炉をはさみ対称の位置となる東南壁でも、ヒグマの骨が積み上げられた場所がみられた。しかし、そこには頭骨はなく、すべて四肢骨のみであった。規模の大きさや構造の特異さとともに、儀礼的な屋内施設の存在が大いに注目をあつめたのである。


一〇号竪穴住居址　つづく翌年の第二次調査では、七号竪穴の西南三メートルばかりの地点にある一〇号竪穴が発掘された。住居の形態は七号竪穴とほぼ同じで、前年の成果を追認することとなったが、より良好な保存状態のもと、竪穴の具体的な内容を知ることができた。竪穴の深さは約二メートル、床面の形状は、西北を指すほぼ六角形で、長軸約一四メートル、短軸約一〇メートルの大型のものであった（図21）。

周囲には無数の柱穴がみとめられ、その底には平らな石が礎石状に置かれる例も検出された。壁面から二メートルあまり内側には、東南部を開くかたちでコの字状に、厚さ三センチほどの粘土の貼り床があり、その中央には西北を開け、三方を切石で囲った炉址がみられた。

炉址の下からは三つの焼けた層がみられ、複数回にわたる炉の改修、すなわち住居の改築があったことを物語っていた。明確に検出できた床面は新旧二枚あり、新しい時期の床面からは貼付文《てんぷもん》の施された土器、その下層の古い床面からは刻文《こくもん》の土器がそれぞれ出土し、この住居が

西北隅に設けられた骨塚

南東からみた発掘後の10号竪穴

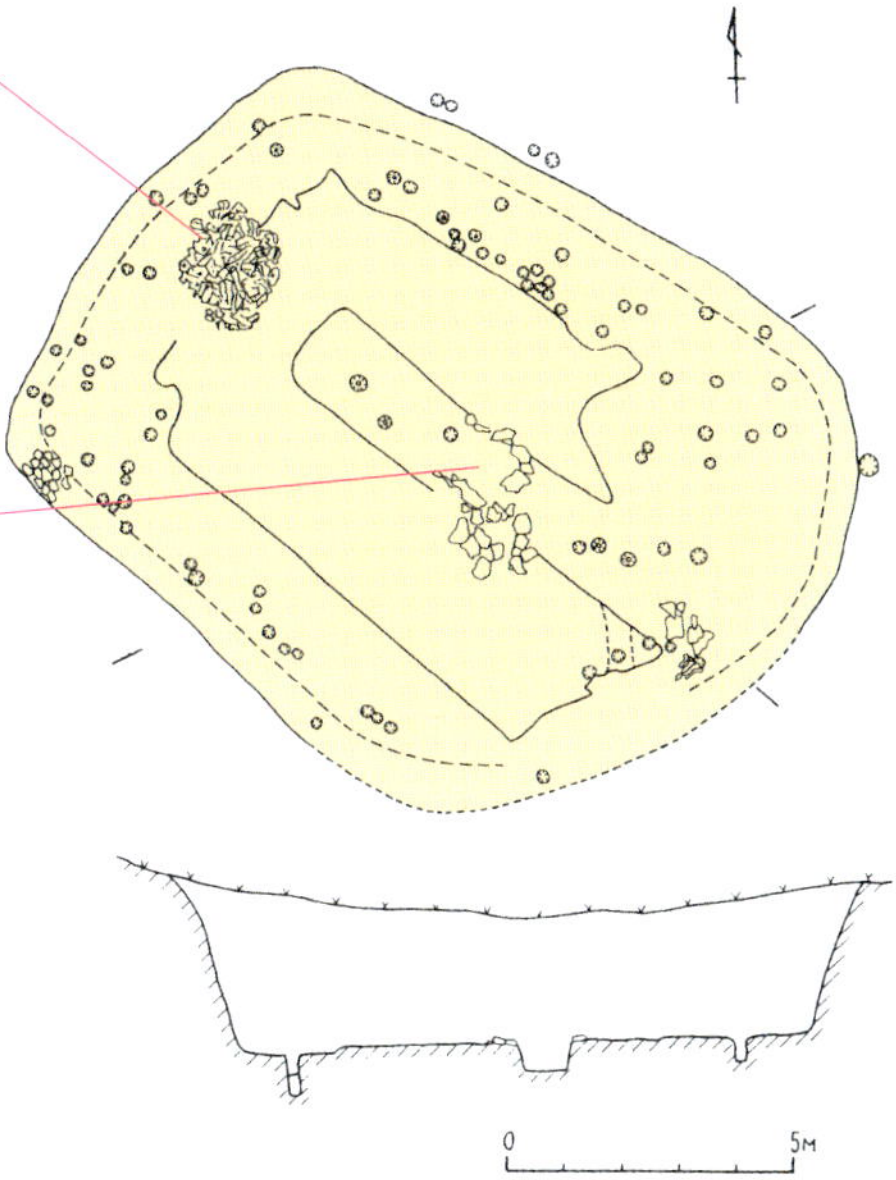

三重になって発見された石組みの炉

床面出土の土器（左：貼付文、右：刻文）

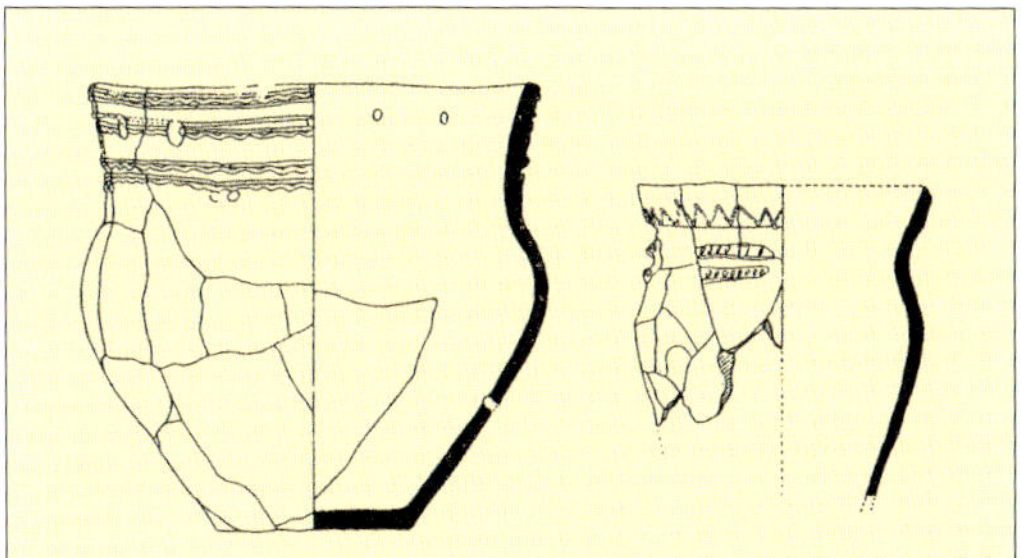

柱穴の礎石

図21 ● 10号竪穴住居址の概要

大きく二つの時期にわたって建て替えられていたことが確認された。その後の調査例でも明らかとなっていくが、住居を同じ場所に何度も建て替えするというオホーツク文化人の居住の特徴がみとめられた。

骨塚も七号竪穴とほぼ同様のあり方が確認される。屋内の西北端からは、ヒグマ、エゾシカ、キタキツネ、イヌ、トドやアザラシなどの頭骨が高く積まれ、東南端にはこれら動物の四肢骨が重ねられていた。また、炉址をはさんだ東西の端には大きな柱穴が発見され、住居の長軸に二本の主柱を配する上屋構造も想像されるものであった。

モヨロ貝塚人の住生活　二軒の調査をとおして、モヨロ貝塚に暮らした人びとの住居の姿が明らかとなった（図22）。長径一〇メートル以上の広大なものであり、その大型住居は何回かの建て替えがおこなわれていること。日々の暮らしの中心は、石囲いの炉とその周囲をとりまく粘土の貼り床で囲った場所であり、部屋の端にはクマなどの骨塚が設けられること。住居内での居住空間の使い分けがおこなわれていたであろうことが推察された。さらに、その後の調査例の増加によって、竪穴の壁面には土止め用の板が設置され、コの字型に貼られた粘土床の外周には、板張りの床が設けられている例も明らかにされた。

今日では、この規模の大きさと豊富な遺物の出土状態から、複数の家族の人びとが共に暮らす様子も予測されてきている。

土の家　また、住居址の床面近くから出土した数多くの扁平な礫《れき》にも注意がむけられた。埋土に観察される無遺物層と合わせて、屋根は土で覆われ、その上にこれらの礫を乗せた土の家

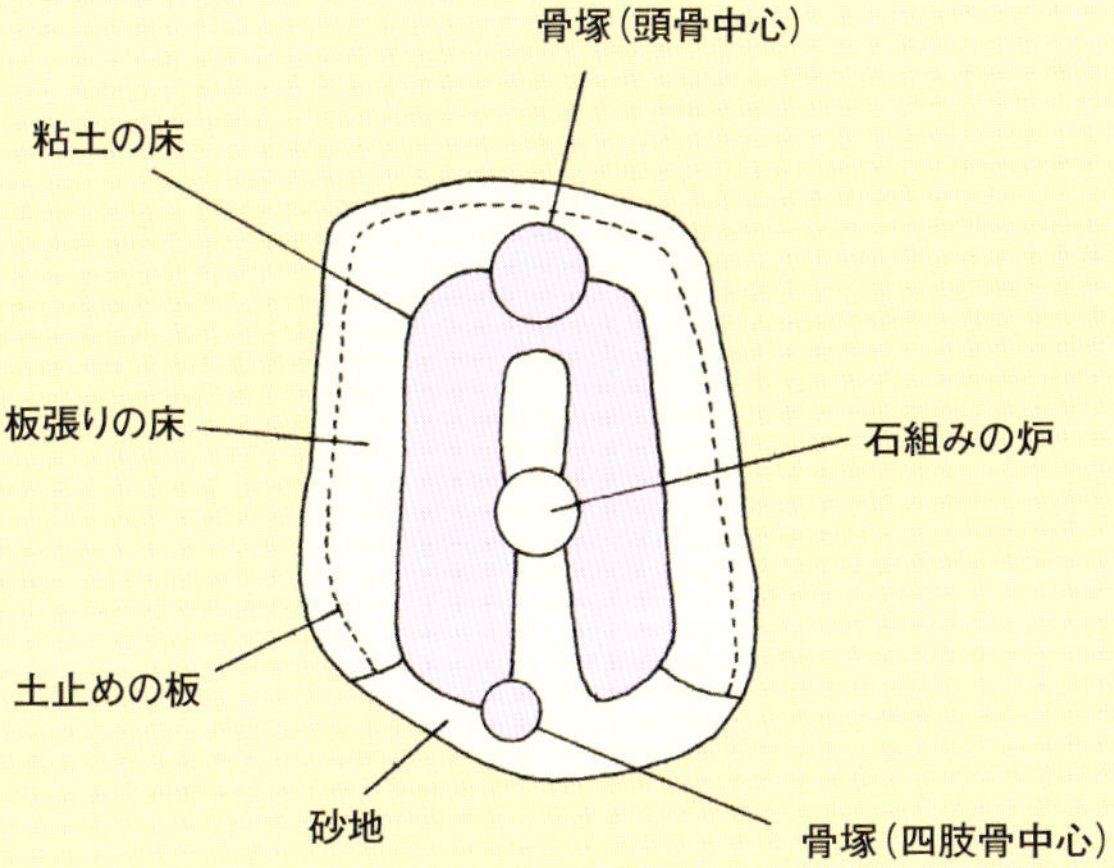

オホーツク文化の住居の平面模式図

復元住居（カリカリウス遺跡：トビニタイ文化）

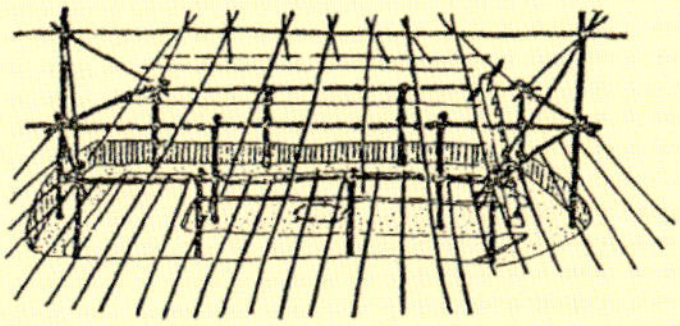

住居の骨組み
（宇田川1984より）

「アリュート族の竪穴の生活」
（『モヨロ貝塚と考古学』
1948年より）

図22 ● オホーツク文化の住居構造

とも呼べる特異な外観をもつ住居が想像された。そして、こうした特徴的なあり方が北方諸民族のものと共通していることから、彼らと同じように、竪穴への出入は、ときに梯子《はしご》を使っていた可能性も探られたのである。

貝塚のなかの墓

一方、墳墓の調査は住居址の東方、貝塚がみられるあたりを中心におこなわれた。この「貝塚トレンチ」と称された発掘は、北海道大学を中心とする形質人類学の研究者らを含む体制ですすめられ、墳墓が貝塚の分布域と重複して存在し、総計三〇基にもおよぶことなどが確認された。

貝塚でみられる基本的な堆積状況は、表土である砂層が三〇から四〇センチ、その下に何枚かの貝層が一五から五〇センチ、以下砂層、粘土層というものであった。墳墓はすべての層から出土したが、上層部はアイヌ文化期のものであり、オホーツク文化の墓壙は、貝塚およびその下層部分においての検出であった。アイヌ文化が発見された墓は二例。被葬者の手足を伸ばし仰向けに葬る仰臥伸展葬《ぎょうがしんてんそう》である。これに対してオホーツク文化のものは二八例出土し、仰《ぎょう》臥屈葬《がくっそう》という独特な方法がとられていた。

仰臥屈葬（図23）　オホーツク文化では、死者の埋葬に際して、両手足を折り曲げ縛られていたのであろうか、背中を下に仰向けに寝かせ、両腕は肘を曲げて両手を胸部の上に合わせておき、両肢は股関節と膝関節をそれぞれ曲げたかたちで葬られていた。こうしてまとめられた遺

①仰臥屈葬の埋葬状況（6号墓）

②4号墓の出土状況

③墓壙上の副葬品（10号墓）

④墓上面に置かれた土器やヒグマ頭骨などの副葬品（20号墓）

⑤墓壙上面の炉址（20号墓）

⑥墓壙下面から出土した埋葬人骨（20号墓）

図 23 ● **仰臥屈葬の墓**

骸は、ほぼ長方形に掘り込んだ土壙の底に納め、その上は砂や貝殻で被い、頭の上にはオホーツク式土器を伏せて被せられる。ときには胸部上にも小型の土器を伏せて置かれることもある。

被葬者の頭はほとんどが北西にむけられ、遺体の横には生前に使用した日常品が副葬される。男性は骨角器や鉄器、石鏃《せきぞく》。女性には刀子《とうす》や骨製の装身具類などが共に葬られるのが一般的であった（図24）。

木槨墓（図25）　こうした特徴をもつ墓壙の多くは、貝層からの発見であるが、その下層にあたる砂層からは、木の棺に納められた墓、木槨墓《もっかんぼ》が六例発見された。砂層に掘り込んだ土壙に木槨を設け、遺体を仰臥屈葬の状態で納め蓋板をして葬るものである。頭にあたる部分には土器、身体部分には骨篦《こつべら》を置き、その上には約四〇センチの厚さに砂を盛り、ゆ

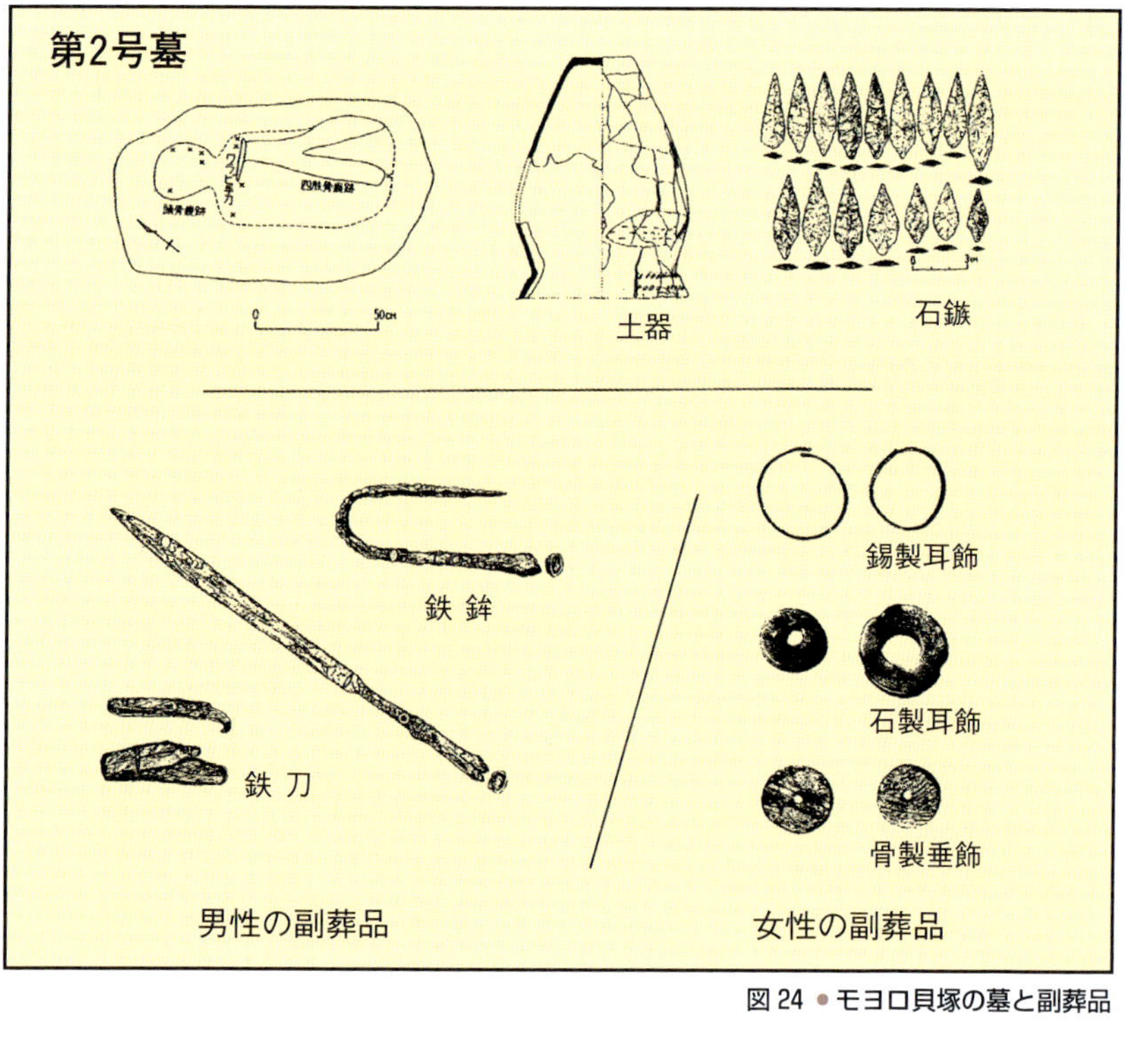

図24 ● モヨロ貝塚の墓と副葬品

①隣接する木槨墓（奥：11号墓，手前：13号墓）

②11号墓上面の配石

③発見された木槨墓（11号墓）

④発見された木槨墓（13号墓）

⑤葺石の置かれた墓（19号墓）

⑥幼児の葬られた墓（22号墓）

図 25 ● 木の棺に納められた墓

るやかな土饅頭《どまんじゅう》とする。木槨はいずれも短冊形で蓋と底が備えられ、その大きさは長さ約一〇〇センチ、頭部分約四〇センチ、足部分約四〇センチ、高さ約三〇センチと大型のもので、釘は用いず組み合わせによる堅牢なつくりであった。

副葬品としては、土器と骨鏃のみであったが、いずれの死者も頭は北西にむけるという、モヨロ貝塚での共通した埋葬頭位が確認できた。

配石　ところで、六例の木槨墓のうち一例だけは、土饅頭にされた盛り土の上に石が配置されていた。厚さが約一五センチほどの平らな石が二〇個ほど、楕円形に敷き詰められた特異な埋葬であり、戦前から米村が注目していたものである。

発見された三〇基のうち七基の墓でも上部に石が置かれている例が確認され、こうした配石の慣習がオホーツク文化の墓制の重要な要素となっていることがうかがわれた。実際、モヨロ貝塚での墓の上面には、小石を多く配するもの、平らな石を一から二個だけ置くもの、厚さ五センチ、長さ三〇から五〇センチほどの平らな石を四から五個置く、いわゆる「葺石葬《ふきいしそう》」が確認されている。

また、特殊な墓としては、幼児の墓が一例発見された。仰臥屈葬の姿で納め、そのまわりをウバガイで覆い、その上を甕形《かめがた》の容器で被せた特殊なものである。頭の方向も南東方向にむけられ、北西方向をむける多くの例とは異なっていた。子どもなどの特別な死に対して、独特な葬り方が存在していた。

このようにモヨロ貝塚の墓域の調査は、オホーツク文化の特徴的な墓制の姿を浮きぼりにするものであった。それと同時に墓の調査を通じてのもっとも大きな成果は、良好な保存状態のもと発見された二八体のオホーツク文化期の人骨にあった。戦前から調査に携わってきた児玉作左衛門によると、この戦後の調査分を含めると、モヨロで発見された人骨は一八〇体にものぼり、これら膨大な人骨は形質学的な分析を経て、モヨロ貝塚を語るうえでの貴重な資料となっていく。

こうして三次にわたる一連の発掘は、日本の考古学史上において、全国の多くの研究者が集い、おこなわれた戦後初の総合的な調査のひとつとして画期的なものであった。それまでの小規模な調査では明らかにできなかったモヨロ貝塚の全体像は、ここにはじめて提示され、その後につづくオホーツク文化研究の基礎となり出発点ともなったのである。

3　モヨロ人はどこから

盛んな人種論

戦後の三次にわたるモヨロ貝塚の調査は、調査当時から報道機関が注目し、その報告会には多くの人びとが駆けつけるなど広く世に知られることとなった。とくに墓から出土したオホーツク文化の人骨は注目を集めた。良好な保存状態にある出土人骨からは、形質学上の多くの特徴が抽出され、発掘された住居址や遺物などにみられる強い外来的な要素と相まって、オホーツク文化人がどこから来て、どのような人びとであったのかという出自や系統の問題が考察の前面に登場してくる。モヨロの発見以来くり返されてきたオホーツク文化の人種論である。

議論は活発におこなわれ、発掘当初から正式な報文が刊行されるまでの間つづく。調査に参加したそれぞれの研究者が自らの研究分野における調査成果にもとづくものであったが、講演会の席上や啓蒙的な概説書などで論じられることが多かったため、より簡潔で大胆な発言となっていったのが大きな特徴といえる。

まず、その口火を切ったのは、モヨロ貝塚発掘調査団の団長を務めた原田淑人であった。第一次調査の終了直後の一九四七年（昭和二二）、調査の報告講演会で「今回の発掘で新しい人種の存在が想像される以上、阿倍比羅夫が征討した粛慎族とは、アイヌであったか、ツングースであったか、またまるで別の民族であったかという大きな問題が想起されたわけである」と述べて、粛慎《みしはせ》との関係を示唆したのであった。

モヨロ貝塚人アリュート説

一方、同じ報告講演会でもっとも注目をひいたのは、児玉作左衛門であったという。戦前からの調査知見も踏まえ、「北海道の原住民はアイヌというのが常識で、その他の民族があったかなかったかとなると、今まではないものとされていた。しかしモヨロから出る人骨は立派に別の民族がいたことを物語っている」として、アイヌ人骨と比較しながらモヨロ貝塚の出土人骨の特徴を列挙した。

モヨロ貝塚の人頭骨は、短頭型であり、鼻がより狭いこと、ムシ歯がほとんどみられなく、狡耗面《こうもうめん》の摩耗が著しいことなど、アイヌ人骨との大きな相違点を見出せたとし、「いろいろ比較研究の結果これはエスキモーの一分派であるアリュート族にもっとも近い」と結論づけた。また、埋葬の方法にも着目し、モヨロ貝塚では頭を北西にむけた屈葬である点から、伸展葬であり頭位方向を異にするアイヌあるいはカムチャダールとの違いを指摘する一方、屈葬であるアリュート族との類似性を強調し、「オホーツク文化はアリュートのつくったものであり、モヨロ人はアリュートだと信ずる」ことを重ねて主張したのであった。

児玉は翌年、第二次調査が始まる直前に『モヨロ貝塚』と題する啓蒙書を刊行した。そのなかでは第一次調査の概要をまとめるとともに、自らが蓄積してきた形質人類学的研究の成果を中心によりくわしく述べている。骨角器や住居址の類似なども考慮し、オホーツク文化は千島列島を経由して北海道に渡来したアリュートによって残されたものであることを強調したのである。こうした児玉の「アリュート説」は、明快な論旨と雄大な構想によって、多く

図26●出土した頭骨

の人びとに強い印象を与えることとなった。

　調査をともにしてきた名取武光も一九四七年の報告講演会で、児玉とほぼ同様の主張を述べたという。モヨロ貝塚の住居址や墳墓の特徴を説明した後、結論として「モヨロ貝塚を造りオホーツク式土器を使い、この竪穴に居住した人種が、アリュートであることがわかったので、モヨロ貝塚附近の網走地方には、アイヌの祖先たちが、擦文式土器を使い、擦文式の竪穴にすみ、アリュートがオホーツク式土器を使いその竪穴にすんで、モヨロ貝塚を集積しながら、ある時には対立もしある時には融合もし混血もして、約千年前の昔から幾百年かの間、蒼黒いオホーツク海を背景にして、異民族たちの生活絵巻が繰りひろげられたのであった」と、オホーツク文化の北海道における在地文化との関係や位置づけについても踏み込んだ説明をしたのである。

　名取も翌年の秋には『モヨロ貝塚と考古学』と題する著書を刊行した。本書も子ども向けの啓蒙書で、調査の過程からその成果に至るまでを平易な解説によってくわしくまとめた内容で、多くの読者をえた。結論としてオホーツク文化の出自、系統については、基本的には児玉説と一致するところであったが、在地文化との関連をあらためて強調している。オホーツク文化はエスキモー・アリュートなどの環極北圏文化の強い影響をうけての成立であることを前提とし

図 27 ● 児玉、名取のモヨロ関係著書

ながらも、東北アジアとのつながりや北海道の在地文化との関連にも注意が必要なことを指摘した。詳細には論じていないが、オホーツク文化の成立には周辺地域の複数の要素が深くかかわっていたものと考察したのである。

オホーツク文化の原郷土

児玉、名取のアリュート説は新聞紙上でも報じられ大きな反響を呼ぶなど、モヨロ貝塚の調査によってオホーツク文化の原郷土は、アリューシャン列島であると確かめられた感があった。しかし、両氏の論拠はあくまでも人骨の分析という形質人類学的な知見を主な拠りどころとするものであった。これに対して出土した考古学資料にもとづく見解もつぎつぎに登場してくる。

それはモヨロ貝塚の発見以来、長年にわたりモヨロ貝塚の出土遺物を見つづけてきた米村喜男衛によってはじめられた。一九四八年（昭和二三）、米村はモヨロ貝塚から新たに出土した大量の土器をあらためて検証し、鳥居龍蔵のもとで見た過日の土器の知見をもとに考察した。その結果、アムール河の沿岸および河口地帯で採集した土器片のなかにモヨロ貝塚のものと酷似したものがあるとし、「モヨロ人の源は満州の奥地ホロンバイル地方である」と論じたのである。児玉らとは逆に、その渡来過程を大陸からアムール河を通ってサハリンから北海道にわたり、千島列島を北上したものとの見解を示したのである（「モヨロ貝塚に探る先住民の文化生活」『新生科学』一四、一九四八）。

鳥居に触発され北海道に旅立ち、モヨロ貝塚と出合った米村は、ここに鳥居の指し示した土器に立ち返ることによって、モヨロの遺跡の性格づけを求めたのであった。また、一九五〇年（昭和二五）には、貝塚発見以来の長年にわたる資料の集成である『モヨロ貝塚資料集』を刊行し、そのなかで「こうした土器文化が松花江から黒竜江に出て間宮海峡を渡り、樺太に入り、更に宗谷を渡ることは、大した困難ではないと考えられる」と述べ、オホーツク文化の起源と系統についての研究の方向性を見通したのである。

駒井和愛もオホーツク式土器に着目し、ホロンバイル地方出土の土器との類似を指摘し、オホーツク文化が大陸東北部との結びつきが深いことを強調した。あわせて共伴したガラス製の玉製品や青銅製の鐸を大陸に、蕨手刀を本州方面のものにそれぞれ類例を見出し、本州との交流を考慮しながらも大陸方面に系統が求められる文化であることを示唆している（「オホーツク式遺跡と大陸的文化」『歴史』一巻二号、一九四八）。

従来からモヨロ貝塚の調査にあたっていた河野広道も同年、新聞紙上でアリュート説に強く異をとなえた。河野はモヨロ貝塚の出土土器の類例の広がりをいち早くとらえ、オホーツク式土器群と命名した自らの視点のもとに、「オホーツク式文化というのは

図 28 ● モヨロ貝塚出土の鉄器
上：折り曲げられた副葬品の刀、中：鉄刀、下：蕨手刀

その名の如くオホーツク海沿岸地方に発達した海洋文化であって、同時にカムチャッカ沿岸、アラスカ、アリューシャンを含む北太平洋沿岸文化の一環をもなしている。モヨロ文化が特にアリュートに似ているのでなく、アリューシャン列島を含む北太平洋文化の一環としてアリュート文化とも類似点があるのである」とオホーツク文化の性格づけをおこなった。そのうえでアリュート文化の遺物は年代的に新しいことから「文化的にいうならば、アリューシャン方面よりも南樺太、南千島との類似の方がはるかに強い」とその系譜を示唆した。

さらにアリュート説の論拠とされる人骨の知見に関しては、つぎのような否定的な推察をする。「恐らくモヨロ民族は、コリヤーク、エスキモー、アリュートなどと人種的に同一の根幹から分れた民族であろうが、その分れたのは遠い古い時代であり、地理的隔離によってそれぞれ異る民族として発達したものであろう。しかしながら、モヨロ民族とアリュートが祖先を等しくするとしても、モヨロ民族をアリュートなりとすることはできない」と強調したのである（『網走市史』上巻、一九五八）。

オホーツク文化の歴史的位置づけ

また河野広道は、オホーツク文化の歴史的性格づけを踏み込んで推察し（『斜里町史』斜里町、一九五五）、「大陸の北方から新しく移住してきた侵入者であった」と前提づけ、「擦紋式土器人の遺跡とオホーツク式土器人のそれは互いにモザイク状に交互に入り交って散在していて、両者の部落がある期間互いに隣接して存在していたことを示しているが、……生活圏を異にするということが、両者の決定的な争いを生じしめなかった」と在地文化との関連を述べた。

さらに「恐らく元の樺太侵略以後、大陸北方における諸民族間の勢力関係に変化があり、オホーツク式土器人の大陸基地が覆滅して、……大陸方面からの鉄器の輸入の中絶は、オホーツク式土器人の武力と生産力にとって大きな打撃となったであろうが、この時に乗じて擦紋式土器人の側からの大反撃にあって主力は滅ぼされ、残党は後者に吸収されてしまったであろう。そして両者の混血したものが次期の北海道東北部アイヌを形成したものと考えられる」と結論づけた。この終焉に関する要因とそれ以降のアイヌ文化との関連についての見通しは、今日においてもオホーツク文化の基本的な視点となっている。

このようにモヨロ貝塚の総合的な調査は、結果として出土人骨に端を発した「オホーツク文化人種論争」を生じさせ、形質学的人骨研究によるアリュート説と考古学的遺物研究にもとづく大陸系統説とが対峙する論争をもたらした。モヨロ貝塚の本格的な調査は、オホーツク文化の具体的な生活が想像できる材料を整え、総合的な理解をもたらし、その背景となるオホーツク文化の人びとの出自や系統についての議論へと集中したことは自然な流れといえよう。

しかし、こうした活発な論争が交わされた時点でも、調査によってもたらされたオホーツク文化の資料は少なく、加えてモヨロ貝塚の正式な調査結果が報告されておらず、質量ともに資料不足を前提とする議論に終始する結果となった。そのため、この時期にくり広げられた諸氏の見解は、十分に噛み合わないまま共通の議論の舞台にのぼることはなかった。生の資料に調査研究が加えられ生きた資料となるのは、つぎの一〇年を待たなければならなかったのである。

4　発掘の波紋

モヨロの感動とその広がり

戦後の北海道考古学の出発点ともなったモヨロ貝塚の発掘は、連日報じられる調査成果によって、敗戦まもない日本において、戦前からの建国神話に代わる新たな歴史の証拠として国民の高い関心を呼び、空前の考古学ブームを沸き起こした。その結果、考古学の研究者ばかりでなく、多くの一般の人びとにもモヨロの名は広く知れわたり、新たな歴史像を求める気運とともに当時の社会に大きな衝撃を与えた。

とくに調査に参加した人びとは大きな驚きと強い印象をうけた。発掘には地元の高校生や郷土史家をはじめ、北海道各地から数多くの人びとの参加があった。そのなかに全道各地から駆けつけた学校の教員や生徒たちが多く含まれていたことは、その後大きな意味をもっていく。

遺跡での連日の「新発見」は、その感動を一流の学者たちと分かち合う場を提供するとともに、出土した資料が郷土の歴史を解く新たな資料へと生まれ変わる瞬間を体験する場ともなっていた。参加した人びとにとっては、モヨロを解明すること以上に、この感動の共有が大きな財産になったものと思われる。ここでの生の喜びをいち早くもちかえり、地元の歴史を自らの手で解明したいという気持ちが一気に高まったことは容易に想像されよう。すなわち、折りからの戦後の考古学・古代史ブームと相まって、北海道の旧制中学や新制高校には郷土を調査する、いわゆる郷土史研究部がつぎつぎに生れるのである。

その筆頭には函館市立中学校（現函館東高校）の活躍があげられる。モヨロ貝塚の第一次調査に参加した同校の千代肇らは、一九四九年（昭和二四）、郷土研究部を組織し、明治年間からその存在が知られていた函館市サイベ沢遺跡の発掘調査にとりかかった。縄文時代前期末から中期にかけての円筒《えんとう》土器文化の重要な資料を提示することとなった。その後、住吉町《すみよしちょう》遺跡、春日台《かすがだい》遺跡、レンガ台遺跡などの調査にもつぎつぎと参加し、北海道南部地域における牽引的な活躍をみせる。

札幌第二中学（現札幌西高校）の郷土文化研究部の生徒らは、モヨロ貝塚の第一、第二次調査への参加を皮切りに、礼文島船泊《ふなどまり》遺跡、奥尻島青苗《あおなえ》貝塚、積丹半島の遺跡群、石狩川低地帯の長沼町タンネトウ遺跡、堂林《どうばやし》遺跡、栗沢町由良《ゆら》遺跡をはじめ、道東の根室市西月ヶ岡《にしつきがおか》遺跡など、全道を対象に毎年、精力的な調査をつづけていった。その多くが今日では北海道の土器研究における各時代の基準とされる重要な資料となっており、精度の高い充実した調査であったことがうかがわれる。また、この一連の調査からは、

図29 ● 出土資料を整理する学者と生徒たち

その後の北海道考古学の中核をなす多くの研究者たちが輩出されていく。

そのほか、伊達高校郷土史研究部では、一九五〇年（昭和二五）以降に、入江《いりえ》貝塚、北黄金《きたこがね》貝塚などを発掘し、噴火湾に広がる貝塚の調査をすすめ、同年、札幌南高校郷土研究部は日本海側の余市町フゴッペ洞窟の発見の契機をつくり、古代文字として話題を呼んだ洞窟遺跡の調査をおこなった。

一九五二年（昭和二七）には静内高校郷土研究部が御殿山《ごてんやま》遺跡の一連の調査を開始する。縄文時代末のケルーン様の積石をともなう墳墓が八〇基以上も密集するこの遺跡の調査は、北海道の墓制研究のうえでの貴重な資料となり研究を大きく前進させた。また、札幌北高校郷土研究部による知床半島の遺跡調査なども注目を集めた。

北海道考古学の基礎

一方、モヨロ貝塚調査の中心的な役割をになった研究者たちは、その後、多くは北海道を主要な調査地域と定め、発掘調査をつづけ、北海道の考古学の骨格をかたちづくる大きな成果をあげていく。

駒井和愛を中心とする東京大学文学部考古学研究室は、モヨロ貝塚第二次調査の翌年の一九四九年（昭和二四）から四カ年をかけて小樽市地鎮山《じちんやま》遺跡にはじまり、余市町西崎山《にしざきやま》遺跡、深川市音江《おとえ》遺跡など、特殊で大規模な墳墓遺跡の調査をおこなった。音江遺跡の環状列石に代表される大きな配石をともなうストーン・サークル様の調査は、北海道ではじめてのものであり、モヨロ貝塚とは別系統の北海道の特異な墳墓形態を解き明かす重要な調査となった。

北海道大学でも一九四九年以降、医学部解剖学教室の児玉作左衛門、大場利夫は市立函館博物館とともに、函館市サイベ沢遺跡の調査を皮切りに住吉町遺跡、梁川町《やながわちょう》遺跡、春日町遺跡など、縄文時代の早期から後期にかけての一連の良好な遺跡を調査した。とくにサイベ沢遺跡の調査は、道南部の縄文時代前期後半の土器編年を探るうえでの基礎的な資料をもたらした。

また、農学部附属博物館の名取武光もモヨロ貝塚調査の直後から精力的に調査を実施した。一九五〇年には十勝地方の浦幌町新吉野《しんよしの》遺跡や噴火湾沿いの伊達市北黄金貝塚を調査し、縄文時代初頭の良好な新資料を発見し、翌年には余市町のフゴッペ洞窟の調査をおこなった。とくにフゴッペ洞窟の調査は、洞窟の成因を分析するとともに線刻画が続縄文時代の所産であることを明らかにするなど大きな成果をあげ注目された。その調査の組織、手法はまさにモヨロ貝塚同様で、考古学研究者ばかりでなく人類学、地質学の研究者からなる総合的な調査団を組織して臨んだものであった。モヨロ貝塚調査の波紋は、つぎつぎと北海道の古代文化を明らかにしていったのである。

このようにモヨロ貝塚の発掘調査は、オホーツク文化の解明に寄与したばかりでなく、北海道の考古学界全体にとっても直接、あるいは間接的に多くの影響をあたえた。そのなかにあってもっとも大きな波紋は、モヨロに触発された若き考古学徒たちを多く輩出したことであろう。つぎの時代、モヨロ貝塚、オホーツク文化は、彼らの調査や研究をとおして語られることとなるからである。

第3章　オホーツク文化の解明

1　海洋狩猟民の文化を追う

組織的な発掘と出土品の集大成

モヨロ貝塚の総合調査以後の一〇年の議論で行き詰まりをみせた「人種論争」は、資料的な裏づけの必要性をあらためて痛感させるものであった。そのため一九六〇年前後からはオホーツク海沿岸の広い地域で新たな遺跡が調査され、オホーツク文化の解明は急速に進展する。

モヨロ貝塚調査の中心的な役割をになった東京大学は、考古学研究室を中心に網走周辺の道東地域の調査を精力的にすすめた。一九五九年（昭和三四）の斜里町ウトロ海岸砂丘遺跡の発掘を皮切りに、四年間にわたって羅臼町ルサ遺跡、同トビニタイ遺跡などの知床半島の遺跡、さらに常呂町トコロチャシ遺跡などを相次いで調査した。同大の人類学教室も一九五九年には、道北地域にねらいを定め、稚内市オンコロマナイ貝塚を発掘した。また、一九六二年（昭和三七）には東京教育大学（現筑波大学）が中心となって根室市弁天島遺跡の調査が開始された。

これらの発掘によって資料は急激に増加し、停滞ぎみだったオホーツク文化の研究は大きく前進する。そして、こうした動向のなかでモヨロ貝塚の正式な調査報告はようやく公にされた。この当時においても新知見とされる資料は乏しいものの、ひとつの遺跡として示す内容の豊富さは注目を集めた。それはまず、戦時中の海軍施設建設工事にともなう調査によって出土した膨大な資料の報告からであった。大場利夫の一連の報告は、骨角器、土器、石器、金属器と遺物ごとに順に詳細を報じたもので（『北方文化研究報告』一〇、一一、一二、一七号、一九五五〜六二）、モヨロ貝塚に暮らした人びとの道具箱の中身を網羅し、オホーツク文化における生業活動を示唆する内容を備えていた。その概要をみてみよう。

海洋狩猟民の道具

小規模な発掘にもかかわらず出土した遺物は四〇〇〇点にも及んだ。大量の資料のなかでも骨角器は一五〇〇点を超え、オホーツク文化を特徴づける道具であることを強く印象づけた。

骨角器　出土数も多く重要な道具である漁撈および狩猟具としては、骨銛《こつもり》、骨鏃《こつぞく》、骨槍《こっそう》、骨製釣針などがあった。なかでも骨銛は、彼らの狩猟生活にとってもっとも大切な道具で、精緻なつくりのものが多くみられた。鋭いカエリをもつもの（1＝図31の番号、以下同じ）と回転式離頭銛《りとうもり》と呼ばれるものがあり（2〜6）、とくに後者は、銛が獲物に命中したとき、結ばれた紐を引くことによって、獲物の体内で銛が回転し、外れにくく工夫された優れた狩猟具であ

図 30 ● **モヨロ貝塚から出土した海洋狩猟民の道具**
クジラなどの海獣骨や石製の道具を用い、
盛んな狩猟活動がおこなわれていた。
上段：骨斧（左）、骨製釣針（中）、骨銛（右３点）
中段：掻器、石錐（左）、石槍（中３点）、石鏃（右３点）
下段：石斧（左）、石錘（右２点）

る。全体に柳葉形《りゅうようけい》にかたちづくられていて、鋭利な先端部には石鏃《せきぞく》や鉄鏃《てつぞく》が装着される例（5・6）も多く、その形態は変化に富んでいる。しかし、モヨロ貝塚の回転式離頭銛を大きくみると、柄との装着の仕方などにおいて、銛の片面に柄をはめ込み、引き紐を結ぶための溝を設けた抉入式《えぐりいり》のもの（2～4）と器体にうがたれたソケット状の茎槽《けいそう》に柄を刺し込み、引き紐を通す孔が空けられた閉窩式《へいか》のもの（5～6）の二種類がみられた。

こうした骨銛は、縄文時代以降の北日本をはじめ、オホーツク海周辺の北方地域で広く用いられていた代表的な海獣狩猟具といわれている。また、針先を組み合わせた大型の釣針も多く、骨銛とともにモヨロ貝塚が発達した海洋狩猟文化であることを強く示していた。

日常具あるいは作業具としては、縫針、針入、骨匕《こっぴ》などのほか、おもにクジラの骨が用いられた骨斧《こっぷ》や骨鍬という特徴的な大型の道具もある。

装身具類も骨製のものが多く、精巧な骨櫛《こつくし》や垂飾《たれかざり》など、豊かな暮らしぶりがうかがわれる。また、信仰にかかわる重要な遺物として、女性やクマ、海獣などをかたどった牙製の像がある。モウカザメの鼻骨を用いたクマの小形骨偶《こつぐう》の背中や湧別町川西遺跡出土のクマの牙偶《がぐう》の喉には穿孔がみられ、これらの骨偶を首から下げ、儀礼を執りおこなう特定の人物の存在も想像されている。

土器　この調査によって出土した土器も多く、完形資料だけでも一八〇点以上にのぼる。大場はこれらオホーツク式土器を大きく三型式にまとめている。鉢形を基本に「指型文《ゆびがたもん》」や「沈線文《ちんせんもん》」が刻まれた第一型式、壺形を基本とする「貼付式浮文《てんぷしきふもん》」が施された第二型式、そして両

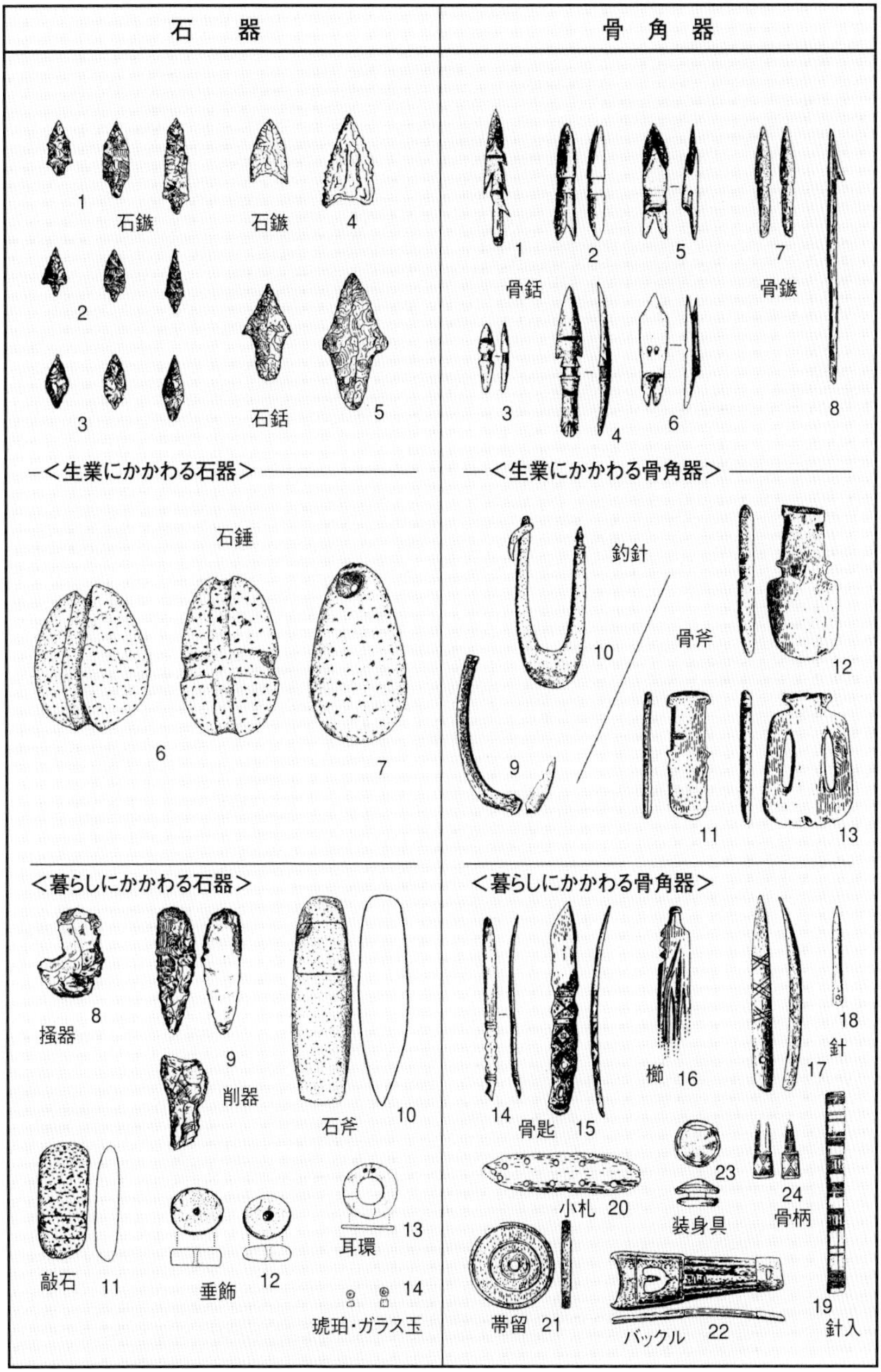

図31 ● モヨロ貝塚出土の石器と骨角器

者の文様や器形の特徴をあわせもつ中間型式である。そして中間型式をはさみ第一型式から第二型式へと変遷したものととらえた。土器の型式学的な特徴にもとづく本格的な考察であり、オホーツク文化の刻文期から貼付文期にわたる居住であったことが指摘された（図32）。

石器　石器が多く出土したことも大きな特徴であった。その数は一二〇〇点を超え、石鏃、石銛、掻器《そうき》、削器、石斧、敲石《たたきいし》、石錘《せきすい》などがみられる。オホーツク文化を代表する石器としては、大型の石錘があげられよう。紐かけ用の溝がつけられたものと、一端に紐を通す孔をうがたれたものがみられ、海獣猟やクジラ猟で網の錘として活躍していたものと考えられている。

金属器　刀に代表される金属器としては、どのような道具が使われていたのであろうか。直刀《ちょくとう》、蕨手刀《わらびてとう》、曲手刀《まがりてとう》、刀子《とうす》、曲手刀子《まがりてとうす》、鉄鉾《てつぼこ》、鉄斧《てっぷ》などの鉄製品のほか、青銅製の鈴や垂飾、帯金具や銀製の耳飾など多彩である（図33）。研究の進展とともにこれらが大陸あるいは、本州方面の文化と強い結びつきをもつことが明らかとなっていった。金属器には交易民と

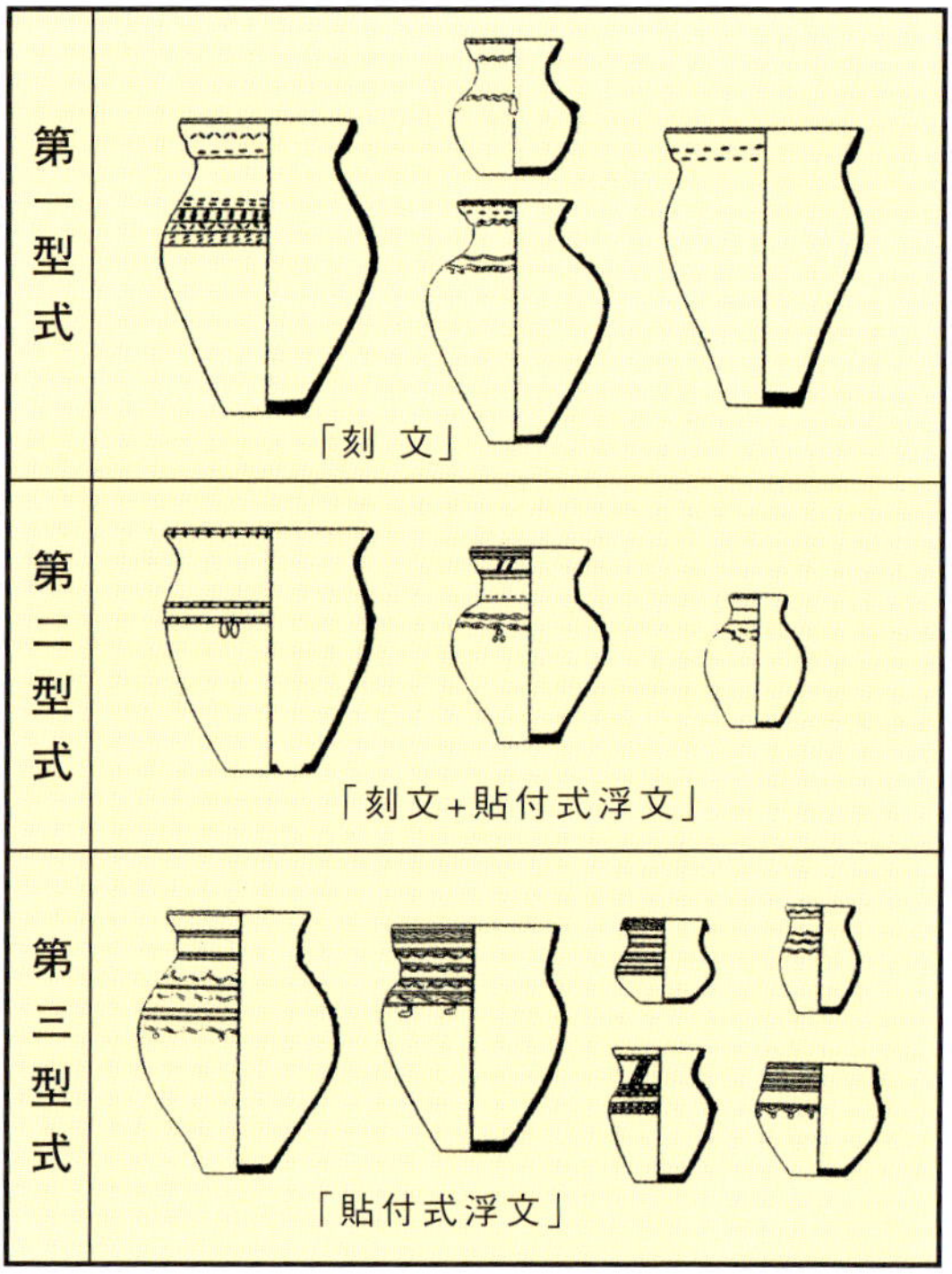

図32 ● モヨロ貝塚出土のオホーツク式土器

してのオホーツク文化人の姿がよく投影されている。

このように待望の報告となった戦時中の資料は、モヨロ貝塚の人たちが豊富で多様な道具を手にしていたことをあらためて明らかにした。それとともに骨角器の充実ぶりにみられるように、海の幸を基盤とする独特の暮しをおくっていたことが強く印象づけられたのである。

モヨロ貝塚の全体像

一九六四年（昭和三九）には、東京大学がおこなった一連の調査の報告書が刊行された（『オホーツク海沿岸・知床半島の遺跡』東京大学文学部）。そのなかには戦後のモヨロ貝塚調査の成果が盛り込まれていた。三次にわたる調査の終了後一五年近くを経ての正式報告であった。それまで各研究者によって個別に公にされてきた調査成果はより詳細に記載され、遺跡の全体像がはじめて総合的に理解できることになった。この時点におけるオホーツク文化研究の現状をふまえてのモヨロの位置づけを探るものであった。

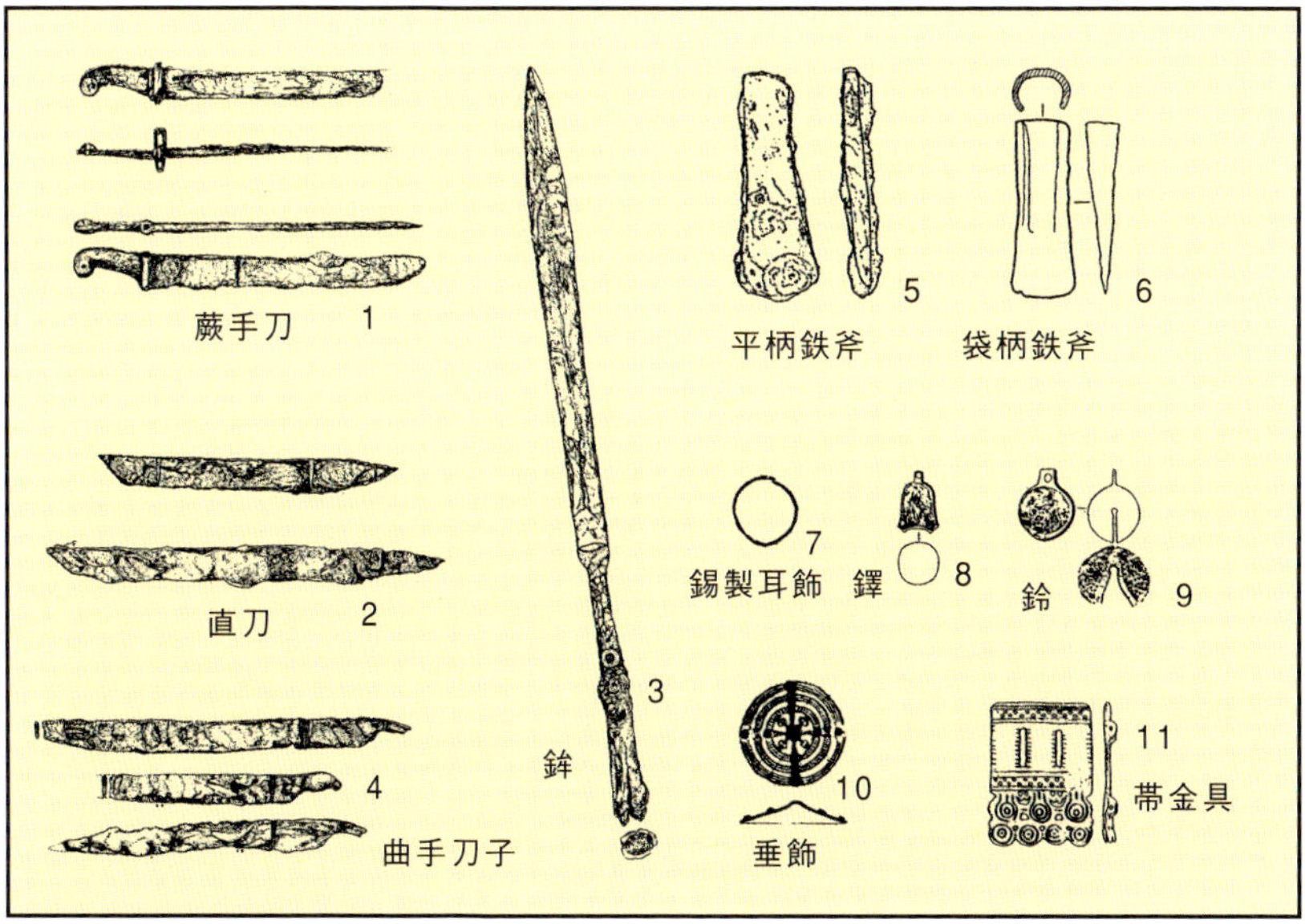

図33 ● モヨロ貝塚の金属器

位置と系譜　調査の指揮をとった駒井和愛は、つぎのようにモヨロ貝塚の位置づけ、ならびに遺跡の年代と系譜をまとめている。まず、出土した土器が大陸のホロンバイル地方と類似し、鉄刀や刀子をスキタイ文化の系統にあるものととらえ、墳墓から出土したガラス小玉、銅銭、素焼き土器などがそれぞれ中国の資料に比定されるとした。

「秦漢、漢魏の頃から、宗遼の時代に及ぶやや幅のひろいものであると思わざるを得ない。恐らく我がモヨロ人は何代かにわたって、ここに生活していたものであろう」と述べ、モヨロ貝塚が長期間にわたって形成された遺跡であると説く。そのうえで「いまから一〇〇〇年程前には、渤海国が起き、ついで遼や金が国を興したというような変化があった。このような種々の民族の勢力が相ついであらわれたときに、それらに押された弱小な民族にして、アムール流域から、沿海州に出て、海を渡って、我が北海道のオホーツク海沿岸にたどりついて、住いを定めたものもあったであろう」と、オホーツク文化が渡来した要因について考察した。

墓と人骨　この正式報告にあってもっとも詳細な内容が明らかにされたのが、墓址と人骨に関するものであった。伊藤昌一は調査された三〇基の墓址の概要と出土人骨の詳細を示し、人骨を出土層位によって貝層とそれをはさむ上下層の三つに大きく分類した。最上層はアイヌ文化の人骨、それ以下の層からはオホーツク文化の人骨であったことを確認し、モヨロ貝塚がオホーツク文化の大規模な墓址遺跡であることをあらためて指摘した。

そのうえで、当初から断片的に報じられてきた埋葬人骨における身体の向きについて図示し、八五パーセントの頭位が北西方向であることを報じ、集団内の埋葬規制が存在していたことを示した。また埋葬法についても、仰臥屈葬の土壙墓が多くを占めていること、特殊な例として木槨葬《もっかんそう》や葺石墓《ふきいしぼ》などの墓制も紹介した。とくに木槨墓が発見された最下層において、続縄文時代後半の土器片が発見されたことから、モヨロ貝塚の形成時期が示唆された。

二八体発見されたオホーツク文化の人骨については、新たな視点のもとに分析された。頂部が尖り、上から見ると楕円形に近く、広い顔面をもち、眼の穴は大きく方形で、鼻は比較的に高く、上下の顎は幅広く強大なことなどの特徴が抽出される。団子鼻で偏平な顔立ちをした彼らの姿が新たに予測されたのである。しかし、アイヌ人骨と比較しながらも、他の人種、民族との早急な対比は避け、「恐らくはモーコ系の種族と考えられる」との慎重な姿勢がとられた。

層位と変遷　出土遺物に関しては、モヨロ貝塚の戦前からの調査に携わってきた名取武光、大場利夫によって概要が紹介された。とくに出土状態が明確な貝塚および貝塚内に埋葬された遺体の副葬品を中心とする出土層位に着目しながらの分析であった。

貝層をはさみ上層からは、貼付文が施されたオホーツク式土器を主体に、少量の擦文式土器。貝層ではすべてオホーツク式土器で、貼付浮文刻文の施されたものが出土し、下層では刻文のオホーツク式土器を主体としながらも続縄文式土器がともなうとして、これらオホーツク式土器の文様の違いを時間的な変遷ととらえた。従来までの型式学的な知見を跡づけるものであり、モヨロ貝塚が続縄文時代から擦文時代にかけて時間的に併行し、長い期間にわたって営まれていたことを層位的な事例をもってはじめて示したのである。

本報告には、第三次調査についての概要も収められていた。戦後のモヨロ貝塚の最後を飾る調査は、遺跡西側に分布する小型竪穴群に的を絞りおこなわれたもので、第一七、一九、二一、二四号と呼称される四つの竪穴と第一・二次調査で墓壙群が確認された「貝塚トレンチ」に隣接する西側で、三基の墳墓が調査された。竪穴はいずれも長径が二から三メートル前後の小型のもので、縄文時代晩期から続縄文時代にかけてのものと確認された。また、床面から縄文晩期の大洞《おおぼら》系土器が出土した二一号竪穴では、最上層からオホーツク式土器が検出され、オホーツク文化が縄文文化より後の文化であることが層位的にはじめてとらえられた。

この調査によって、モヨロ貝塚が縄文時代末からオホーツク文化期にかけての遺跡であり、その形成はまず、縄文時代末から続縄文時代に西側地域で集落がつくられ、その後、オホーツク文化期に至り東側の砂州先端部寄りに、主な居住域を移行させたことが把握された。そして、墓域についても遺跡が広範囲にわたっていることから、居住域と墓域がきわめて隣接している姿が予測されたのである。

モヨロ貝塚の正式報告の刊行によって、それまで断片的に報じられてきた遺跡としてのモヨロ貝塚の全体像はようやく語られることとなった。センセーショナルに報じられ、際立って特異な遺物や遺構の発表が先行してきたモヨロ貝塚は、ここにはじめて学術的な位置づけが与えられたといえようか。しかし、出土遺物は概要の紹介にとどまり、とくに土器などの詳細な分析をとおしての通時的な位置づけなどが示されることはなかった。その背景には個々の遺物の出土記録に重きが置かれなかった当時の調査状況が大きくかかわっていたようでもあり、モヨロ調査のもつ時代的な限界をあらわしていた。

土器と編年　一九六六年（昭和四一）に発表された藤本強の論考は、こうしたモヨロ貝塚の報告に対して抱かれた思いへのひとつの答えでもあった（「オホーツク式土器について」『考古学雑誌』五巻四号）。この北海道におけるオホーツク式土器の編年案は、モヨロ貝塚出土の土器をはじめ、先に紹介した一連の調査資料のうえに立つものであり、その後のオホーツク文化研究の指針となるものであった。藤本は土器文様に注目して型式学的視点のもとに分析し、オホーツク式土器の編年を試みる（図34）。土器の文様要素をa〜eの五群に細分し、それらの層位的な事例とどのように対応しているかを検討した。すなわち、a群は磨消式浮文のものとそれに刻文が組み合わさったもの、b群は刻文を主体に隆起式浮文をもつもの、c群は刻文が主体とな

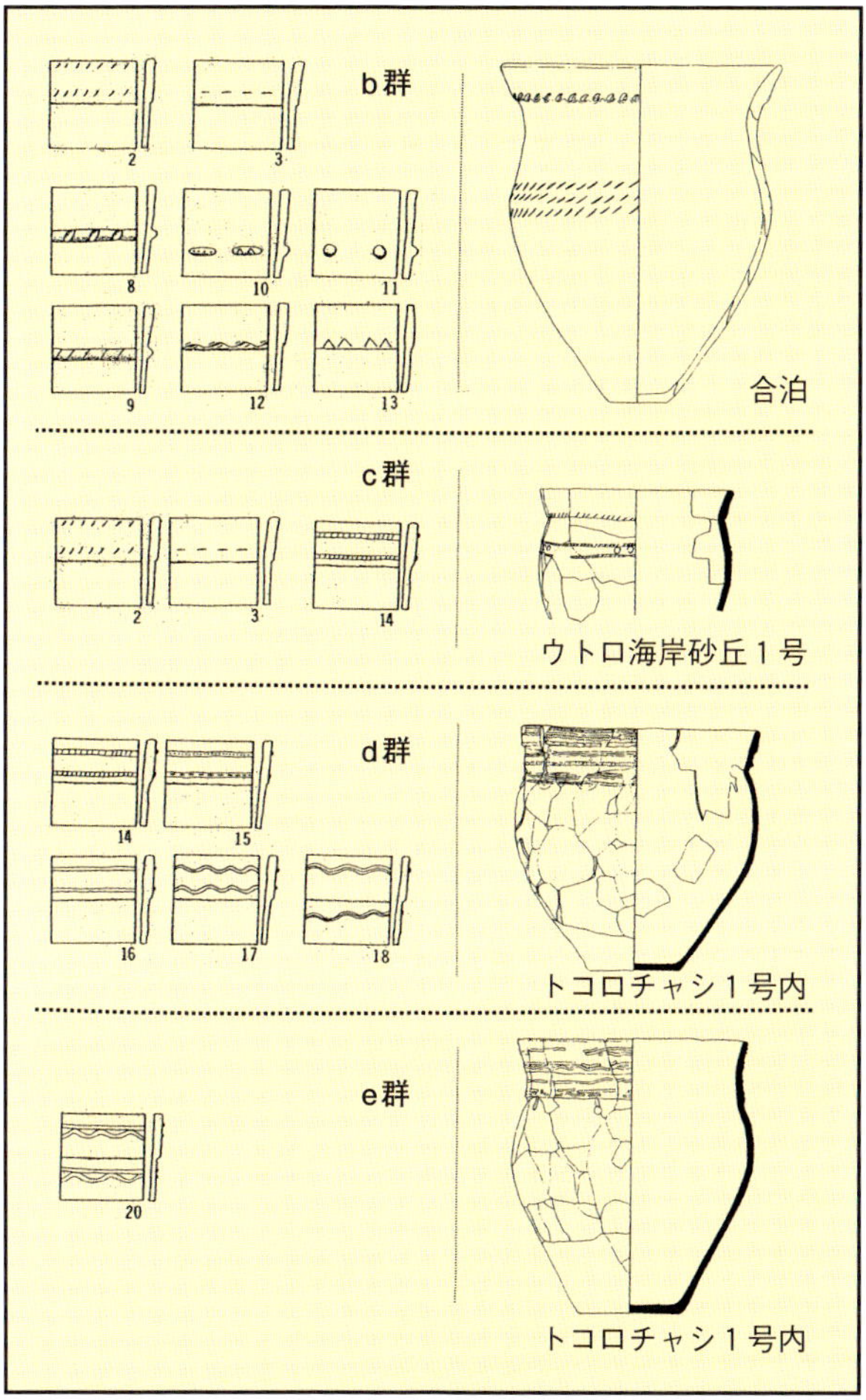

図34 ● 文様要素によるオホーツク式土器の変遷
（藤本 1966，宇田川 1977 より作成）

り擬縄貼付文《ぎじょうてんぷもん》をもつもの、d群は波状の貼付文や擬縄貼付文をもつもの、e群は直線と波形の貼付文をもつものの五つのまとまりを指摘し、各群は諸遺跡の事例にもとづくと、a群からe群の順に新しくなるとした。続縄文文化末葉に帰属されるa群を除く、b群からe群へと続く変遷案は、北海道のオホーツク式土器の基本的な編年となり、今日に至るまでオホーツク文化研究の骨格をなしている。ここにモヨロ貝塚において注目された沈文から浮文という土器の変遷は、より詳細に跡づけられることとなったのである。

文化内容への関心　モヨロ貝塚の内容が公となり、オホーツク式土器の編年案が提示され、オホーツク文化の枠組みが明らかとなるにしたがい、彼らがどこから来て、どのような暮らしぶりをしていたのか、いわゆるオホーツク文化の出自と生業についての考察も徐々に試みられるようになる。一九六六年（昭和四一）の大塚和義の論考と一九七〇年（昭和四五）のチャードによる説がその代表的なものである。大塚は北海道から東北地方の沿岸部に広くみとめられる「抉入離頭銛」をとりあげ、モヨロ貝塚で多く発見される銛先が海獣狩猟を目的とするもので、その起源が北海道の縄文時代にあるとする考えを明らかにした（「抉入離頭銛」『物質文化』七号）。一方、チャードも海獣狩猟を基本とする北太平洋海岸文化のなかの古代文化として位置づけ、そのうえで銛先などの類似からは、その由来をエスキモー文化に求めた（『オホーツク海の史前海洋文化』チャード・C・S、北構保男訳）。

こうした両氏の見解は、モヨロ貝塚の成果をとおして漠然と考えられてきた彼らの生業について、資料的な根拠をもって論じたもので、オホーツク文化の生業が海獣狩猟活動であるとする考えがこのころから次第に定着していく。また、オホーツク文化が広範な北太平洋沿岸に広がる文化の一環として位置づけられる可能性が示唆された点は、モヨロ貝塚の特異な遺構や出土遺物を理解していくうえで、その後の研究の大きな指針となっていった。

2　オホーツク文化研究の深まり

生業と文化の系譜への関心

モヨロ貝塚の正式報告が刊行された一九七〇年代は、オホーツク文化の解明がもっとも進展をみせた時期といわれる。それは戦後のモヨロ貝塚調査後、活発に交わされた人種や系統などについていくつかの議論が具体的な資料をもっておこなわれたことを意味する。

その先陣を切ったのが、モヨロ貝塚調査の推進役でもあった北海道大学に設置された北方文化研究施設である。広くユーラシア全体をふくめた先史文化の調査研究をとおしてオホーツク文化の解明をめざした同施設は、従来から指摘のあったサハリンをはじめとする大陸との強い関連性をふまえ、北海道の北端、道北地域を重点的な調査地として選んだ。稚内市オンコロマナイ貝塚、枝幸《えさし》町目梨泊《めなしどまり》遺跡、礼文島香深井《かぶかい》遺跡、礼文島元地《もとち》遺跡などの各遺跡を連続して調査し、多くの新たな知見を提供する。

なかでも一九六九年から七二年（昭和四四～四七）に実施された礼文島香深井A遺跡の調査は、オホーツク文化を論じるうえでの貴重な情報が数多くえられたという点で、モヨロ貝塚に並ぶほどの大きな成果をあげた（『香深井遺跡』上・下、東京大学出版会、一九七六・一九八一）。とくに注目されたのは良好な堆積状況にあった七枚の魚骨層である。モヨロ貝塚の発見当初から大きな問題のひとつとなっていたオホーツク文化の生業は、それまで骨角器などの間接的な資料によって論じられてきたが、これら魚骨層の分析により具体的な情報が提供された。調査者の大井晴男は、モヨロ貝塚の発見以来、長年にわたり考えられてきた海獣狩猟を中心とする生業活動の印象に疑問を投げかける。検出された魚骨層からは、ホッケ、マダラ、ニシンなどの大量の魚がおもな食糧源とされ、クジラ、アザラシなどの海獣類に劣らぬカロリーを摂取できたものと考察した。漁撈が主、海獣狩猟を従とする生業形態であったとして、「漁撈・海獣狩猟民」の文化であるとした。また、西本豊弘によって魚骨層の詳細な分析もすすめ

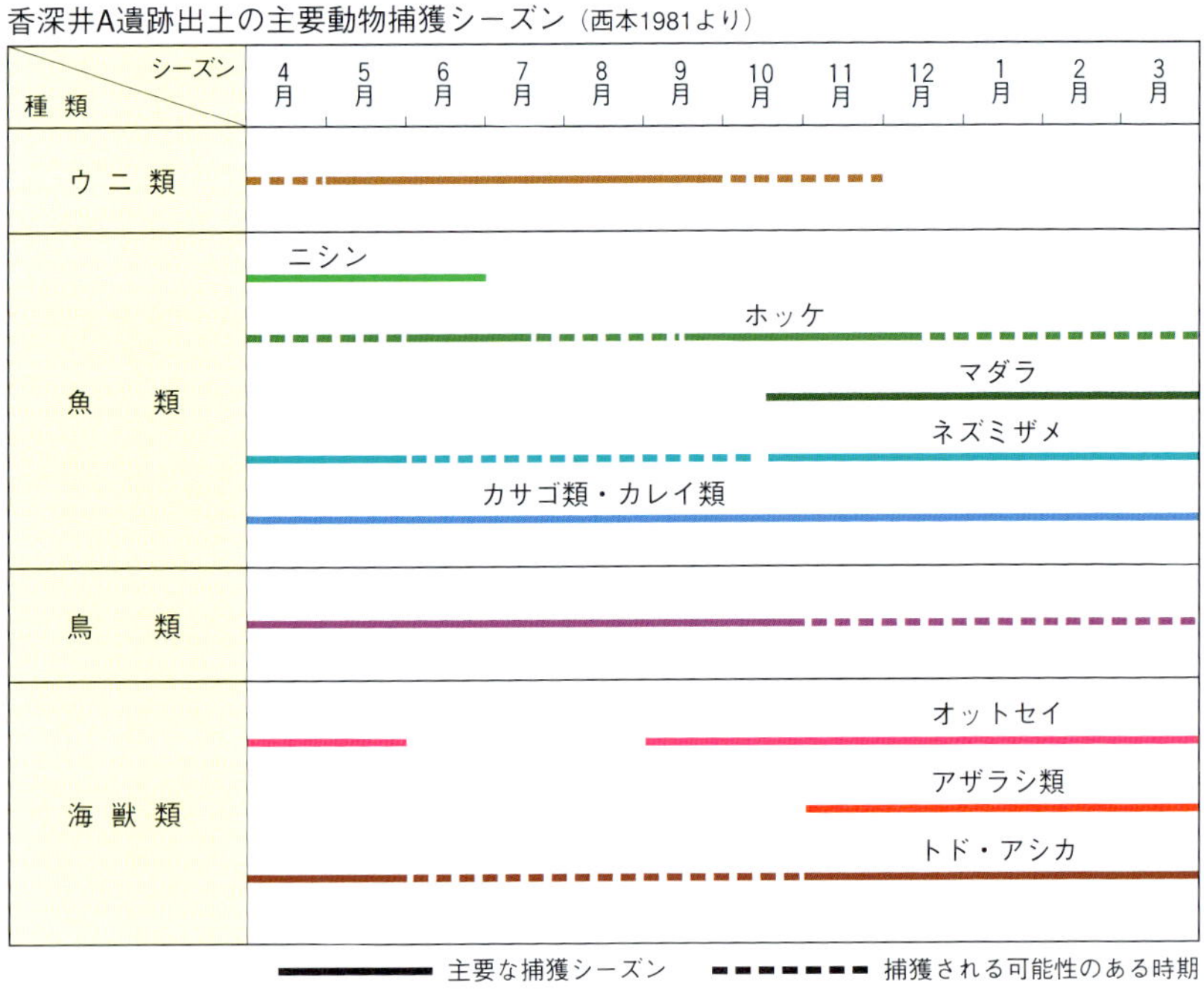

図35 ● オホーツク文化の生業活動

られ、具体的な内容が明らかにされた（「オホーツク文化の生業」『北海道の研究』二号、一九八四）。彼らの魚類の主体が一度に大量の捕獲が可能なニシンなど季節的に移動する回遊魚であったことを示し、そのほかにカラフトブタやイヌの飼育もおこなわれていた特徴的な社会であると推察した。漁撈民としての新たなオホーツク文化人像がここに付け加えられたのである。

しかし、日本海との接点に位置する香深井A遺跡とは自然条件の異なるモヨロ貝塚などのオホーツク海沿岸域では、発達した骨銛や動物依存体などから、海獣狩猟を中心とする生業が盛んであったことがいっそう強くうかがわれた。

北からの渡来文化

菊池俊彦は、オホーツク文化の発生にかかわるサハリンでのあり方を具体的に分析し、その後の研究に大きな影響をおよぼした（「樺太のオホーツク文化について」『北方文化研究』五号、一九七一）。菊池は戦前および最新のシベリア、サハリンの調査例を駆使し、オホーツク文化は、サハリン土着の鈴谷《すすや》式土器にアムール河下流域や沿海州の刻文土器が流入したことにより起こったとし、北海道へのオホーツク文化の進入も同様な展開を予測した。モヨロ貝塚発見以来の命題のひとつであったオホーツク文化の原郷土にアムール河下流域が登場したのである。

また、山口敏は、形質人類学の立場から北方地域の古人骨のなかで、オホーツク文化の人骨を見通した（「北海道の先史人類」『第四紀研究』一二巻四号、一九七四）。すなわち、モヨロ貝塚などの出土人骨を総合的に分析した結果、もっとも類似した関係にあるのがサハリンアイヌ、ニブヒ、ウルチというアムール・サハリン地方の諸集団であり、なかでもアムール河中流域に住むウルチ族がもっとも近い特徴をもっていることを明らかにした。これは先の菊池説を側面から補強するもので、アムール河流域がオホーツク文化解明の重要な地域であることをあらためて強調したのであった。結果としてこの分析以後、オホーツク文化の系統・人種論がつぎつぎと生みだされていく。

それはまず、加藤晋平、大塚和義らによって提示される（「海獣狩猟民・オホーツク文化の源流」『どるめん』六号、一九七五）。アムール河流域での考古学資料がオホーツク文化資料と酷似することに着目し、中国史書の記述、民族学的な資料などによって、アムール河流域の黒水靺鞨《こくすいまっかつ》が直接にサハリンから北海道へと進出した結果、オホーツク文化を形成させたとし、その出現時期を八世紀ごろ、その終末を一三世紀ごろとした。すなわち、アムールの民が直接に渡来してきたとする考えを示したのである。加藤はさらに黒水靺鞨こそがウルチ族であり、彼らの子孫が後に「山丹人」と呼ばれ、山丹交易をになった人びとにあたると推察した（『北見市史』上巻、北見市、一九八一）。

一方、前田潮は、オホーツク文化のなかに多くの大陸的な要素をみとめながらも、本質的に北海道からの影響が強いことを主張した（「オホーツク文化の成立過程について」『史学研究』

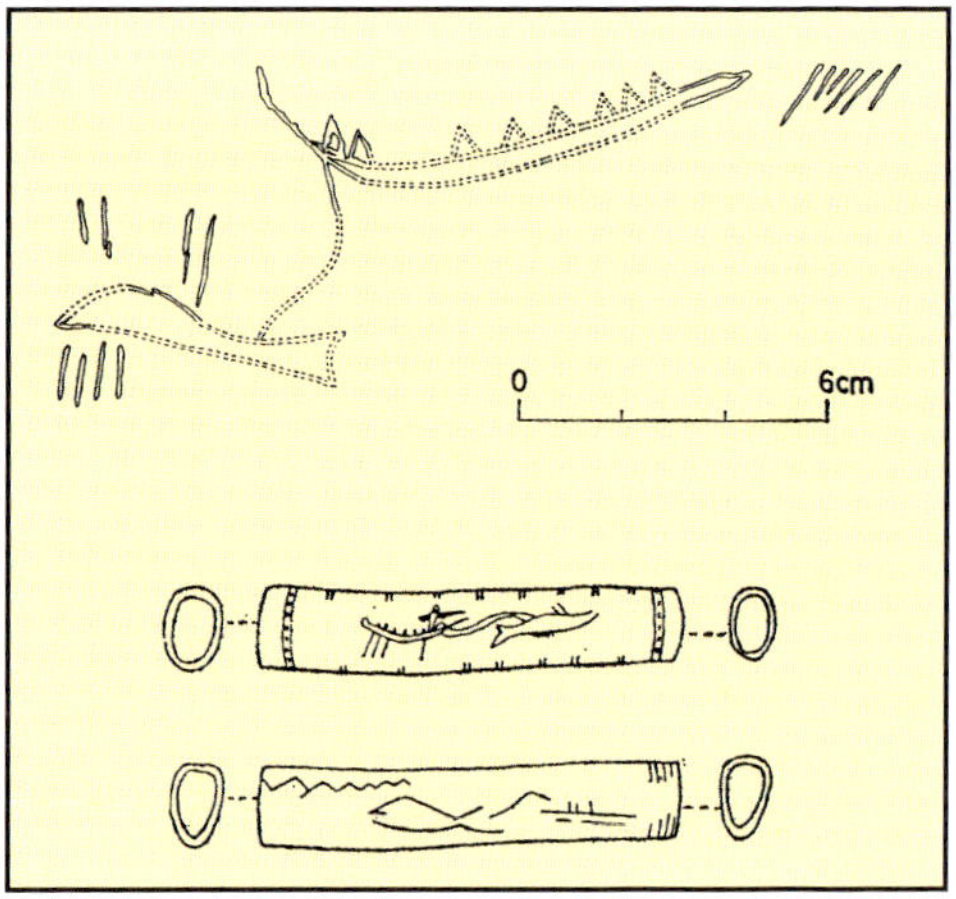

図 36 ● 遺物に描かれたクジラ猟
上：香深井Ａ遺跡出土の土器片
（『香深井 下』1981 より）
下：弁天島遺跡出土の針入れ（八幡 1943 より）

一〇六号、一九七六)。回転式銛頭の型式変化の検討にもとづき、生業の中心である銛頭による海獣狩猟技術が北海道の続縄文文化から受け継いだ伝統であるとして、「オホーツク文化の形成は、鈴谷《すずや》、十和田期において漸次、沿アムール地域に祖型を有する大陸的要素と続縄文的伝統に由来する海獣狩猟文化との接触融合がなされ、その舞台は、南樺太と道北が選ばれた」と結論づけた。

同七六年、この論争の先鞭をつけた菊池も、あらためてオホーツク文化成立の背景を論じる（「オホーツク文化に見られる靺鞨・女真系遺物」『北方文化研究』一〇号）。モヨロ貝塚の出土資料を中心に、オホーツク文化の遺物にみられる大陸的な要素をアムール河流域の各文化と比較しながら詳細に検討を加えた。

土器、石製品、骨角器、鉄製品、青銅・銀製品、ブタ、イヌの家畜飼育、仰臥屈葬、木槨墓などの諸点にわたり比較した結果、靺鞨文化を主体としながらも、その前後の文化との類似性も強くみとめられること、その一方で住居形態や墓制など、社会の基本形態の違いが大きいことを重視し、靺鞨文

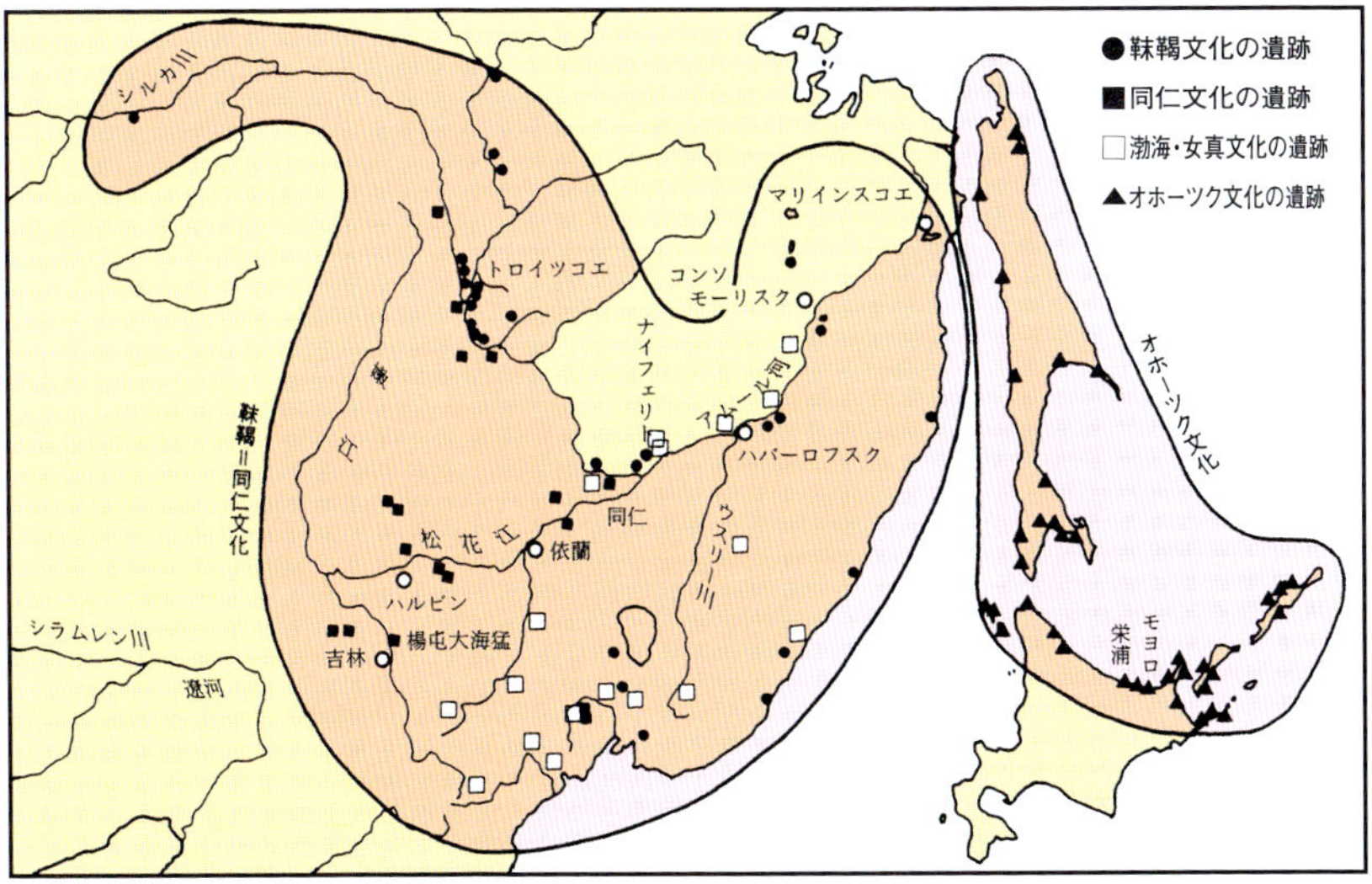

図 37 ● アムール河流域の文化とオホーツク文化の遺跡（菊池 1993 より一部加筆）

化や女真《じょしん》文化の直接的な波及はなかったものと結論づけた。そのうえでオホーツク文化の担い手については、中国唐代の『通典』などに登場する「流鬼《りゅうき》」が該当するものとして、それが現在のニブヒ族であると推察したのであった。

このようにオホーツク文化の成立過程に関しての諸説は、北海道の在地的な文化の影響をうけながらも、基本的には大陸にその源をもち、サハリンで成立し、南下したものとする見解に落ち着くこととなる。同時に出土した金属製品に注目すると、北方の大陸方面ばかりではなく、南方の北海道中央部あるいは本州方面からの遺物も多くみられ、彼らが南北両地域の間を仲介する優れた交易民であったという理解が共通のものとなっていく。北方からは、曲手刀子、鉄鉾などの武器、平柄鉄斧などの工具、鈴、帯飾りなどの装身具、南方からは袋柄鉄斧、刀子、蕨手刀、大刀、小札などがそれぞれ重要な交易品として彼らの手をへていたのである。

擦文・アイヌ文化との関係

文化交流・融合　一九七〇年代の後半になると、こうした動向を背景に北海道各地の市町村教育委員会で発掘調査が盛んに実施される。斜里町ピラガ丘遺跡、標津町伊茶仁B遺跡、別海町浜別海遺跡などの調査では、擦文文化との関連を探るうえでの良好な調査例が示された。蓄積された資料にもとづき擦文文化との関連において、オホーツク文化の存続期間の検討がなされるとともに、トビニタイ文化と呼称される終末期のオホーツク文化の様相など、多岐にわたる議論が交わされていく。

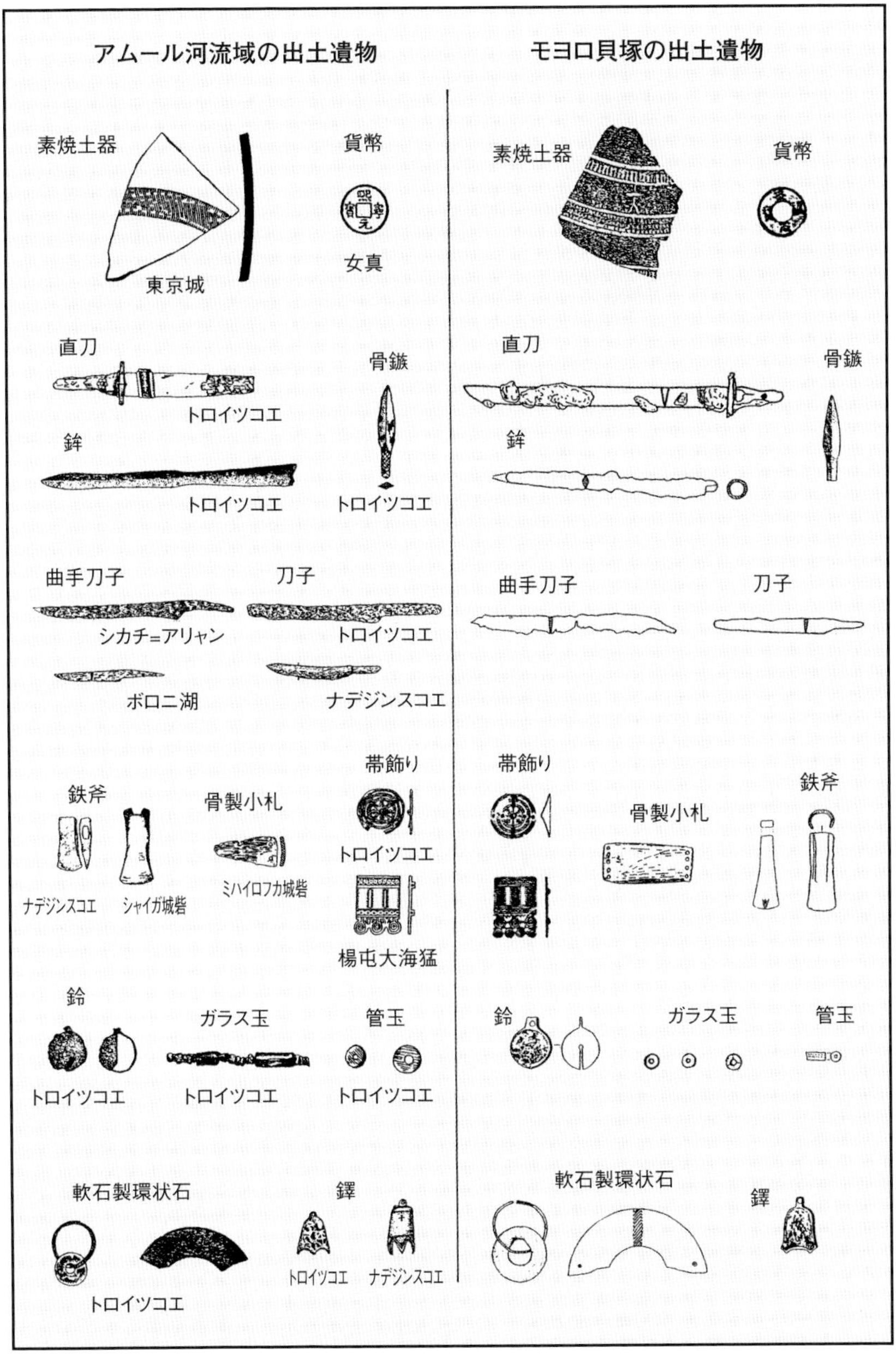

図38 ● アムール河流域とモヨロ貝塚の出土遺物
（菊池 1976, 79, 臼杵 1996 より作成）

とくに大きな成果として、オホーツク文化が擦文文化に融合、吸収、消滅していく過程が土器や住居址の変化から跡づけられたことがある。すなわち、オホーツク文化終末期のトビニタイ式土器は、施される文様の面では、オホーツク文化の貼付文であるのに対し、器形は口縁部が外反する深鉢形という典型的な擦文式土器であるという両者の要素を融合させたものであること、住居の点でも屋内中央の炉がオホーツク文化の石組みのものであるのに対し、壁面にはカマドをもち、床面が四角形を呈するなど擦文文化の特徴も備えているなど、両者の特徴を兼ね備えた独特のあり方が明らかにされた。分布も知床半島周辺の斜里町から標津町をかけての道東域に偏在しており、オホーツク文化がこの地域で擦文文化へと融合し、終焉へとむかっていく様子が跡づけられた（図39）。

信仰　また、増加した資料はオホーツク文化の大きな特徴のひとつである精神生活についても本格的な考察をうながした。発見当初から注目され、オホーツク文化のなかでもっとも呪術的な道具として考えられてきたものに牙製の女性像がある。そこに彫られた衣装には、鈴や鐸、帯飾りが付けられており、集落内のシャーマンをあらわしたものと考えられた。加藤晋平はこれらの像が弁髪を結い、スカートをはき、前かがみで手を組むなどの特徴から、北アジア地域の古代文化の信仰習俗との結びつきを指摘したのである（「間宮海峡をこえて―北アジアと日本列島の文化交流」『えとのす』一二号、一九八一）。

そのほか動物意匠をあらわした多くの骨偶についても注目された。渡辺仁は、湧別町川西遺跡出土のクマの牙偶をとりあげ、胴部に観察される腹帯がサハリンアイヌのクマ送り儀礼用の

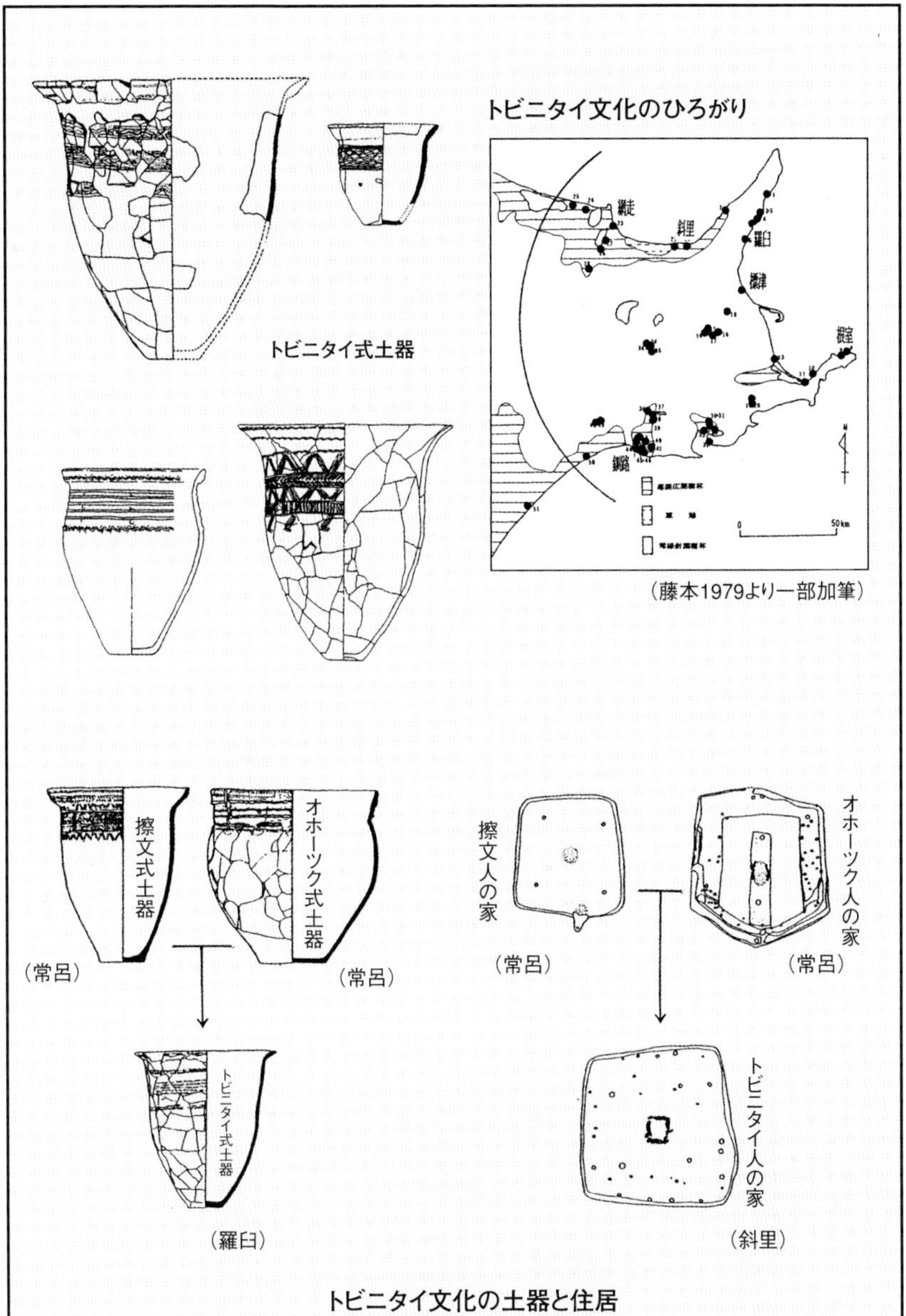
(宇田川1984より一部加筆)

図39 ● オホーツク文化終末期の様相

ものと酷似することを指摘し、アイヌ文化の精神世界がオホーツク文化からの影響を強くうけていることを示唆した（「アイヌ文化の源流―特にオホーツク文化との関係について」『考古学雑誌』六〇巻一号、一九七四）。さらに宇田川洋は、こうした動物意匠遺物を集成して、オホーツク文化遺物に集中して登場するクマ、海獣、鳥がアイヌ文化の動物信仰と共通していることから、オホーツク文化の信仰要素がアイヌ文化へと受け継がれたものと推察したのであった（「動物意匠遺物とアイヌの動物信仰」『東京大学考古学研究室研究紀要』八号、一九八九）。

祭祀的な特殊な住居施設としてとらえられてきた骨塚についても、香深井A遺跡でのヒグマの頭骨の分析をとおして、オホーツク文化の精神世界の系統が考察された。大井晴男はヒグマをある一定期間にわたり飼育したのちに、送り儀礼をおこなっていることを明らかにし、その系譜をアムー

図 40 ● オホーツク文化の骨偶
右：牙製の女性像（モヨロ貝塚）
左：クマ像、中：海獣像（湧別町川西遺跡）

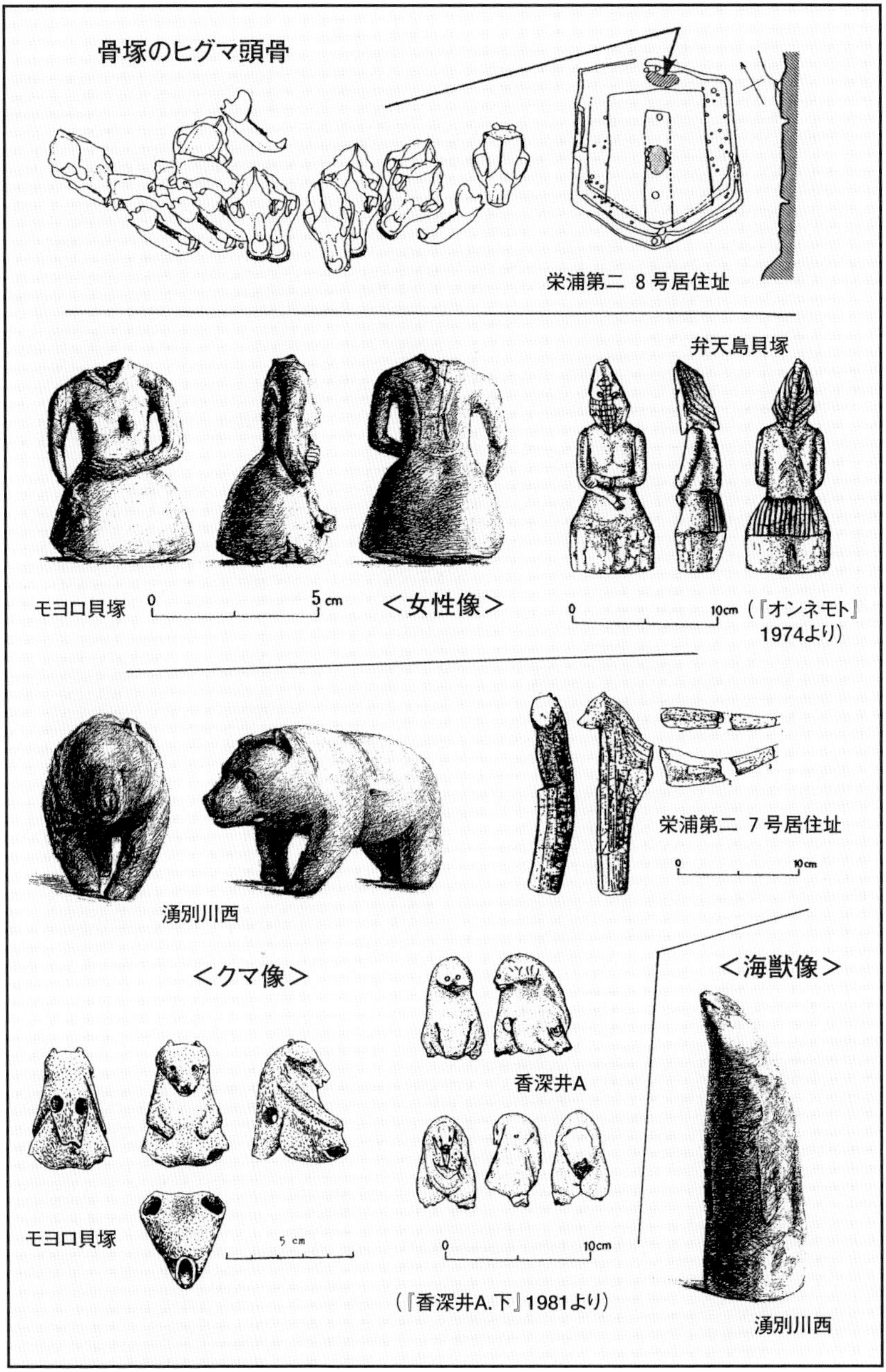

図41 ● 骨塚と動物意匠の遺物

ル河流域の諸民族に求めたのである（「礼文町香深井A遺跡出土ヒグマの年齢・死亡時期・性の査定について」『北方文化研究』一三号、一九八〇）。

このように東北アジア全体のなかでオホーツク文化をとらえようとする研究姿勢がすすみ、オホーツク文化が呪術的な信仰深い社会を基盤に、シベリアのアムール河流域を源として、サハリンで成立し、そこから海岸沿いにふたたび南下して、モヨロの地へと到達。擦文文化との接触のなかで消滅しながらも、アイヌの精神文化のなかにその姿を伝えていく様子が跡づけられたのであった。

3　オホーツク文化のなかのモヨロ貝塚

新しい知見

つづく八〇年代以降、良好な遺跡の調査によってオホーツク文化の研究がいっそうの深化をみせた。それはモヨロ貝塚発見の当初から注目されてきた四つの側面、すなわち、発見の契機となり注目された特徴的な道具類、竪穴住居、墓制、そして生業のあり方についてである。これらに関する新たな知見がもたらされ、モヨロの姿はより明らかとなっていく。

農耕作物　モヨロ貝塚から北西に二キロほどの段丘上に位置する二ツ岩《ふたついわ》遺跡では、オホーツク文化後半の貼付文期の住居跡が三軒発掘されたが、その床面の精査によって、オオムギ、アワ、キビなどの栽培種が検出された（『二ッ岩遺跡』北海道開拓記念館、一九八二）。調査にあたった北海道開拓記念館はその後、道北の雄武《おうむ》町雄武竪穴群遺跡においてもオオムギ、キビなどを発見し、こうした穀類がオホーツク文化において、ある程度栽培されていたものと予想した。さらに、これら種子の同定からは、こうした作物が大陸の靺鞨文化での栽培種であることが確認され、モヨロ貝塚で発見された青銅製の帯飾をはじめとする金属製品とともに北海道にもち込まれたものと考察された。モヨロ貝塚調査時には土壌の植物遺体調査が開始されていなかったため資料的には明らかではないが、モヨロの浜でも小規模ながら、オオムギなどの雑穀類が栽培されていた可能性がうかがわれ、以前から農耕用の土掘具として指摘のあった骨鍬や骨斧についてもあらためて注意が向けられたのである。また、こうした穀物はオホーツク文化が解体し、擦文文化との融合の過程で擦文社会の作物セットのなかにとりこまれ、その後、アイヌ文化に伝えられたものと考えられた。

木の文化　知床半島の南東部に位置する羅臼町松法川北岸遺跡では、オホーツク文化の住居址が一五軒ほど確認された（『松法川北岸遺跡』羅臼町教育委員会、一九八四）。そのうちの二軒、貼付文期の住居跡が蒸し焼きの状態で発見され、そこから木製品などがつぎつぎと出土した。一本の木をくりぬいて作ったクマの頭が飾りつけられた特殊な注口容器、木製の取っ手付チリトリ状容器、椀、皿、匙、舟形容器、ゾク付の矢柄の収められた矢筒のほか、シラカバ製の容器などである。

オホーツク式土器を中心として骨角器と金属器、石器という従来考えられていたオホーツク文化の道具箱が、想像していた以上に多彩であったことが明らかとなったのである。沿岸部の林に所在するモヨロにあっても、樹木を有効に利用した道具類が多く用いられていたものと想像された。

墓の多様性　枝幸町の目梨泊遺跡では、オホーツク文化の住居址四軒とともに発見された多くの土壙墓が、墓制にかかわる新たな知見をもたらした（『目梨泊遺跡』枝幸町教育委員会、一九九四）。三九基発見された墓壙への埋葬方法は、その多くが南西方向に頭を向け、手足を伸ばしたままの伸展葬であった。モヨロでの成果をもとに長年にわたり考えられてきた北西頭位で屈葬というオホーツク文化の墓制の姿は、目梨泊遺跡の成果によって大きく再考が求められた。北海道のオホーツク海沿岸においては、埋葬方法に地域差の存在することが明らかとなってきたのである。

調査者のひとり高畠孝宗の考察をもとに、オホーツク文化の墓制をみると、北海道は大きく四つの墓制のあり方にまとめることができそうである。すなわち、①屈葬で北西頭位で死者の頭に甕《かめ》を被せず、墓の上には石が置かれない礼文地域の埋葬方法、②北西頭位の屈葬で甕被りをおこなわず、墓の上には大きな配石をもつ知床・根室地域の埋葬方法、③南西頭位の伸展葬で被り甕をおこない、墓の上には小石を配する目梨泊地域の埋葬方法、④そしてモヨロ貝塚のように北西方向に頭をむけ、被り甕をおこない、やや大きな石を置くモヨロ地域の埋葬方法である。北海道におけるオホーツク文化の墓は、北西頭位で屈葬を基本としながらも、墓壙上の配石のあり方など、地域的な特徴がみとめられるのである。

ところで目梨泊遺跡の墓の副葬品として発見された鉄刀類や鉄鉾、曲手刀子、耳飾りなどの

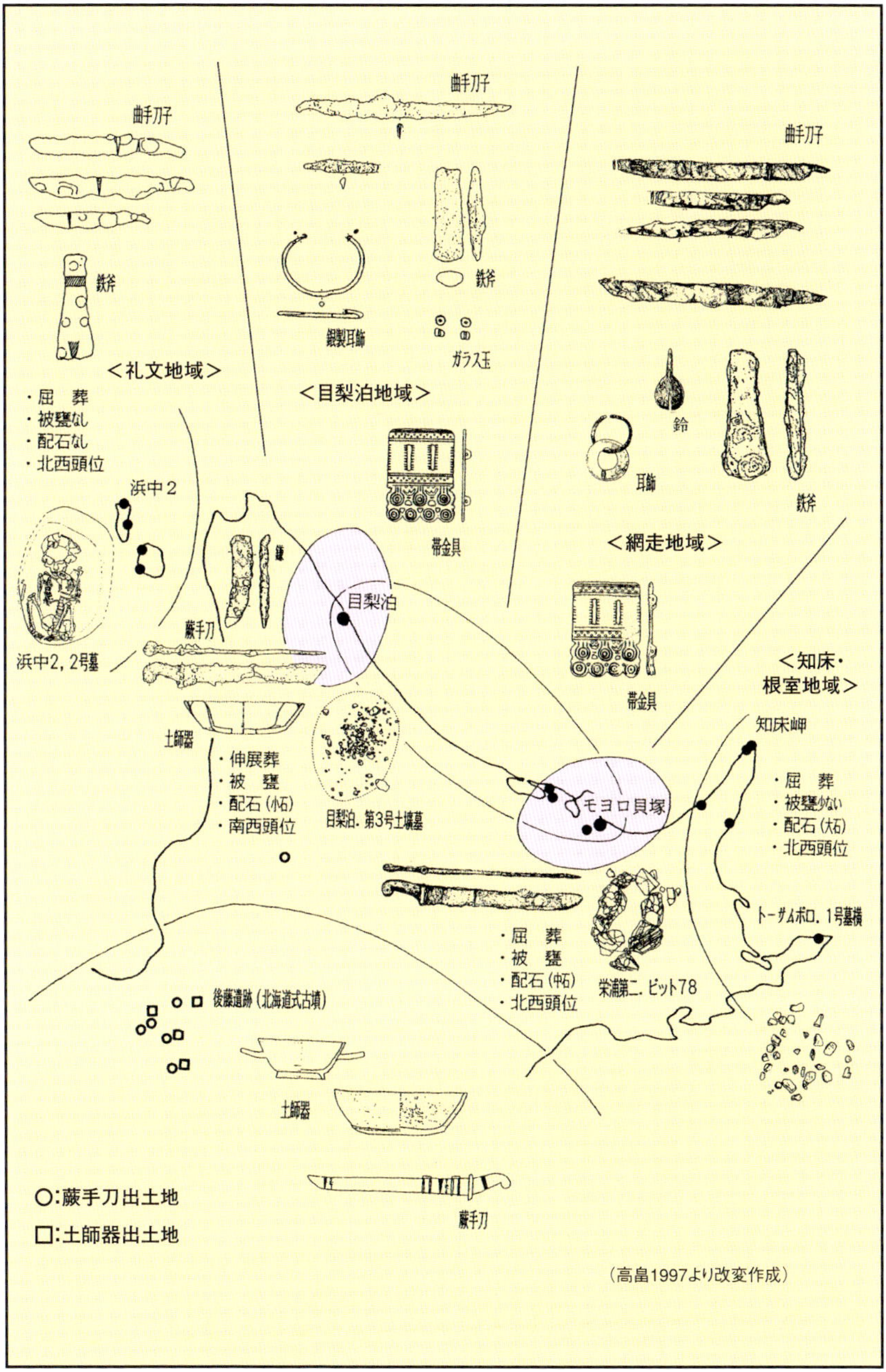

図 42 ● オホーツク文化の地域による墓制

組み合わせは、モヨロ貝塚と類似するとともに、出土した五点の帯金具は、モヨロ貝塚の出土資料と同様なものであり注目された。帯金具はアムール河中流域の靺鞨文化のものとの類似が指摘され、大陸文化の強い影響がうかがわれた。その一方で、本州文化からの渡来品である蕨手刀がみられるという共通性も併せもっており、両遺跡が南北の交易にかかわる特別な拠点であったことが示唆されたのである。

居住様式　常呂《ところ》町の常呂川河口遺跡では、オホーツク文化期の住居跡や土壙墓など多くの遺構が発見された（『常呂川河口遺跡（一）』常呂町教育委員会、一九九六）。この遺跡では、一五号住居と名づけられた大型住居跡から、居住の具体的な様子をさぐる貴重な資料がえられた。一五号住居跡はオホーツク文化後半の貼付文期、モヨロ貝塚の一〇号竪穴と同じ時期のもので、長軸一四メートル、短軸一〇メートル、床面積が一二五平方メートルにもおよぶ最大規模の大型住居である。火災にあった焼失家屋で、蒸し焼きの状態で発見された屋内には、当時の人びとが居住していた姿を具体的に復元できる格好の材料が残されていた。住居内からは木製品をはじめ大量の遺物が発見されたが、大いに注目を集めたのは、土器がいくつかのまとまりをもって出土していたことであった。

調査にあたった宇田川、武田は、こうした出土状況をもとに住居内の空間的な使われ方を復元している。住居内で発見された土器に六〜七群の平面的なまとまりを見出し、それぞれを住居内成員のひとつのまとまり、家族ととらえた。また、骨塚周辺の空間では高さ三五センチを超える超大型の土器が集中して発見されるのに対して、ほかのまとまりでは高さが二〇センチ

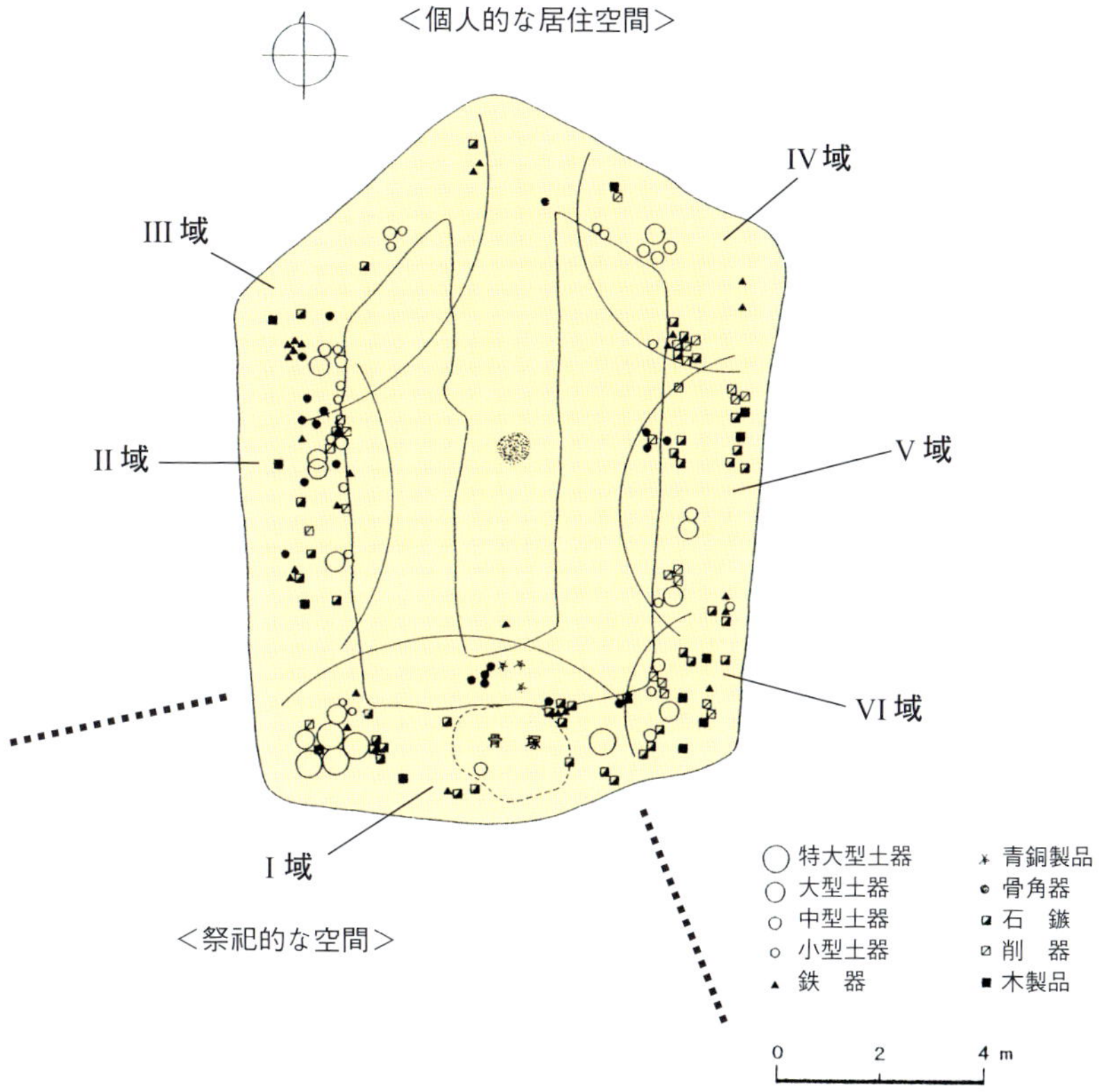

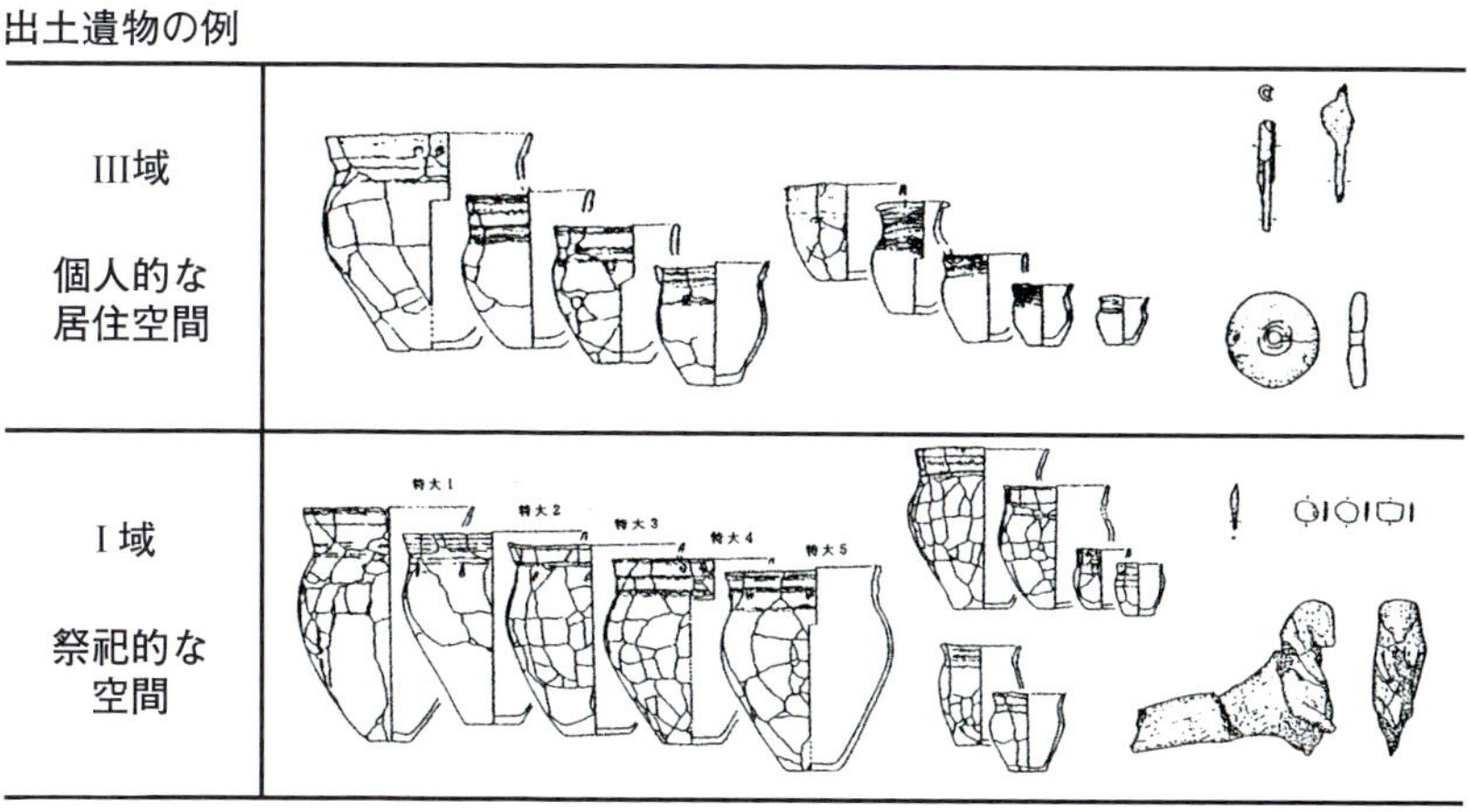

図43 ● オホーツク文化住居の空間的な使われ方（武田 1996 より改変作成）

を超える大型土器、二〇から一四センチの中型土器、一四センチ未満の小型土器という大中小の容器が一組となって発見されるという道具の組み合わせの違いに着目し、前者を祭祀的な空間、後者を個人的な居住空間としてそれぞれ位置づけた。一住居内に場所による明確な用途差をもった場が想定されたのである。すなわち、ひとつの屋内に血縁的なつながりのある五から六つの複数家族、二〇から三〇人の人びとが同居していたものと推定した。そして、こうした家屋の成員がひとつの単位となって、クジラなどの大型海獣の狩猟に携わっていたものと考えられた。モヨロ貝塚の調査で提起されたオホーツク文化の居住の様子は、具体的な資料とその分析をもってはじめて語られはじめたのである。

オホーツク文化の年代観

こうした研究が積み重ねられて、一九九〇年代を通じて発表された右代啓視らの一連の論考は、あらためてオホーツク文化の通時的な骨格の構築をめざしたものである。従来からの研究成果を踏まえ、近年の増加した資料や当時の気候変動を加味し、オホーツク文化の姿を動的にとらえようとしたものであった（「オホーツク文化の年代学的諸問題」『北海道開拓記念館研究年報』一九、一九九一）。

鈴谷式土器に代表されるプレ期にはじまり、オホーツク文化を前期、後期、そして終末期であるトビニタイ期の四区分に大別し、それぞれを細分して各遺跡を位置づけた。年代的には続縄文時代に属するプレ期を三～四世紀、オホーツク文化の前期、後期を五から九世紀、終末のトビニタイ期を九から一二世紀とするものである。

モヨロ貝塚は、オホーツク文化の後期前半に属し、およそ八世紀ごろを中心とした代表的な遺跡と位置づけられた。この時期は、文化のひろがりにおいても網走周辺を中心に独自の文化が形成されたころで、温暖化は頂点をむかえ、沿岸部では流氷の接岸は少なく、冬期においても海獣狩猟や漁撈が容易におこなえた気候であった。遺跡はオホーツク海沿岸に広く拡散し、オホーツク文化の海洋適応がより進んだ時期といわれている。同時に帯金具に代表される大陸系遺物が多くみられたように、靺鞨文化や渤海文化との交易が盛んであったこともモヨロ貝塚のもつ時代的な特徴とされた。

このように近年のオホーツク文化の調査と研究は、大きな成果を急速に蓄積させてきている。オホーツク文化、そしてモヨロ貝塚は、オホーツク海をとりかこむ環オホーツク海文化のひとつとして、北方地域にもっとも適した暮らしぶりを実現させた古代文化として、その内容が探られているのである。

オホーツク文化の存在がはじめて明らかにされたモヨロ貝塚は、研究史のうえでもっとも重要な記念碑的な遺跡として存在している。その最大の要因はどこにあるのであろうか。それはオホーツク文化の遺跡にあって、貝塚と住居と墓の三者が唯一、一体となった遺跡であることに求められる。米村喜男衛が偶然、モヨロ貝塚と出合ったように、オホーツク文化は、その最初の発見の場にもっとも充実した内容を備える遺跡を偶然、登場させたのであった。オホーツク文化の特性をもっとも兼ね備えたムラ、それがモヨロの浜で営まれていたのである。

第4章　モヨロ貝塚の現状とこれから

発見から一世紀近くをむかえるモヨロ貝塚は、今、どのような現状におかれているのであろうか。それまで知られていなかった特異な古代文化の遺跡として全国的にも注目を集め、郷土の優れた古代文化として地元の人びとに誇りをもって見守られてきたモヨロ貝塚の現在を概観し、この遺跡のもつ特性を生かした今後のあり方を探ってみたい。

モヨロ貝塚は現在、国の史跡として保存されている。約二ヘクタールの敷地にはハルニレやエゾイタヤなどの樹木が生い茂り、海岸沿いに残された貴重な林として風致保安林の指定もうけている。市街地にあって残された数少ない緑として市民の憩いの場ともなっている。その林内には埋まりきらない竪穴住居が二〇カ所以上も大きな円形の窪地となってみられ、海辺を間近にのぞむ古代のムラの景観を彷彿とさせている。

遺跡には一九六六年以来、網走市立郷土博物館の分館としてモヨロ貝塚館が開館し、遺跡のあらましを案内していた。館内には地下に設けられた展示室において、遺跡の地層を縦に切り取った状態で、貝層などの堆積状況を復元するとともに、モヨロ貝塚の特徴的な墓制や出土遺物などが展示され、オホーツク文化の暮らしを伝えてきた。

一方、野外では史跡内を一周する園路が設けられ、大きな窪地となっている竪穴住居跡を縫うように歩きながら古代を感じることができるようになっている。とくに注目される施設としては、一九六〇年に建てられた復元住居がある。これはオホーツク文化の住居址を厳密に復元したものではなく、戦後サハリンから北海道に移り住み、網走で生活をしていたニブヒ族の人びとが自ら建てたものである。研究の進展にともないオホーツク文化の末裔として彼らが評価されてきたように、その住居形態が類似していることから、米村が構築を依頼したものであった。長径が五〜六メートルと小形であるが、竪穴式の構造をもち、屋内の中央には炉、コの字状の木台が設けられ、ニブヒ族の人たちがドーラフ（土の家）と呼ぶように、屋根が土で覆われたこの家は、発掘によって明らかにされたオホーツク文化の住居と多くの共通する要素がみられる。モヨロの森の中にたたずむ土の家は、貴重な民族資料であるとともに、まさに生きた復元住居である。

現在、モヨロ貝塚には年間五〇〇〇人ほどの人びとが訪れている。考古学を学ぶ人びと、北の古代ロマンに引きつけられた人びと、そして、もっとも多いのが遺跡周辺に暮らす地元の人びとである。と

図44 ● モヨロ貝塚の現況

くにこの地で育つ子どもたちにとってのモヨロ貝塚は、郷土の歩みにはじめて触れる小学校の低学年次と日本史を学びはじめる高学年が必ず訪れ、郷土に残された特異な古代文化の存在と出合う場となっている。自らが暮らす土地に遥か海を越えてやって来た人たちがいたこと、独特の信仰世界をもち、オホーツクの海辺にムラをつくっていたことを肌で感じてもらう格好の機会となっている。

また、考古学のうえからは、モヨロ貝塚の調査以降のオホーツク文化研究の進展にあっても、いまだに重要な位置を占めている。貝塚や住居址、墓壙が良好な条件のもと発見される例は少なく、出土遺物は質量ともに資料的価値は高く、他の遺跡を凌駕する内容を誇っている。オホーツク文化を代表する遺跡としての位置づけは決して色あせてはいない。

しかし、こうした現代的な意義づけがあたえられるモヨロ貝塚ではあるが、資料館や史跡内の園路の老朽化などによる再整備の時期にきているのも事実である。また、戦後の日本考古学の出発点となり画期的な成果をあげた調査も現代的な視点との隔たりが大きくなってきていた。そこで網走市では二〇〇一年からモヨロ貝塚の再整備にむけての検討をはじめ、二〇〇三年には、史跡保存整備委員会を設け、今日的な史跡として再生させるための整備計画の協議検討がすすめられた。その過程で過去の調査で

図45 ● 発掘説明会の様子

十分には明らかにされていない遺跡のより詳細な情報を把握する必要が求められ、改めて発掘調査がおこなわれた。六年間にわたり実施された調査では、検出例が希少なオホーツク文化の古い時期の住居址の内容が示されるとともに、住居址に隣接して一二七基の新たな墓が発見されるなど、モヨロ貝塚の集落としての具体的な姿が明らかとなった。

こうした調査と並行して、それら成果を検討しながら整備計画の策定がすすめられた。二〇一一年には、モヨロ貝塚館の全面的な改修がはじめられ、従来までの地下の貝層展示を再現するとともに、新たな発掘成果を加えて、モヨロ貝塚の重要な三つの要素、住居・墓・貝塚を基本に解説・案内する展示施設に生まれ変わることとなった。施設内には隣接して多く発見された墓を再現した展示室も併設され、モヨロ貝塚の大きな特徴である墓域としての姿も伝える施設となっている。

先にも触れたように、モヨロ貝塚に一生をささげた米村喜男衛の広範な業績のなかに「チパシリ」という創作劇の上演がある。アイヌの伝説にもとづき創作されたもので、モヨロの浜辺を舞台とした若い男女の恋愛を絡ませた悲話で、その主題は村を守るために自らの命をかけ怪鳥に闘いを挑む若者の勇敢な姿である。劇のねらいを米村は、郷土に昔から伝わる話を通じ、自らが暮らす土地を身近に感じ、郷土に愛着をもってもらうためであったと後年述懐している。

図46 ● 新たなモヨロ貝塚館

米村が幼少の頃、祖母から聞かされ、古代への興味が育まれた昔話の再現ともいえるこの創作は、全国各地から訪れた人びとによってつくられた北端の街において、新しい土地を郷土ととらえ、新たな文化をつくりあげていくことの大切さを訴えたものであった。米村にとってのモヨロ貝塚は、まさにその保存と調査を通して郷土への熱い思いをあらためて体現する場でもあったのである。

モヨロ貝塚という郷土に残された貴重な古代の遺産を有効に活用することは、この地域に育まれたいわゆる現代のオホーツク文化を育て、発展させるうえでのひとつの核となる可能性を秘めている。そして、漁港として出発したこの北の街において、古代の海洋狩猟民の里である史跡、モヨロ貝塚は、今後の街づくりの大切なキーワードといえよう。

新たなモヨロ貝塚館として再生する二〇一三年は、米村喜男衛のモヨロ貝塚の発見から、ちょうど一〇〇年の節目の年にあたる。次の一世紀にむけてモヨロの新たな歩みが今、始まろうとしている。

図47 ●遺跡に立つ米村喜男衛（写真中央）

網走市立郷土博物館

・北海道網走市桂町1―1―3
・電話　0152（43）3090
・開館時間　9：00〜17：00（11〜4月は16：00まで）
・休館日　月曜日、国民の祝日、年末年始（12月29日〜1月3日）
・入館料　一般120円、小中学生60円
・交通　JR網走駅から徒歩20分

網走市街を見下ろす桂ヶ丘公園に建つ。初代館長米村喜男衛が収集した約三千点の資料をもとに、オホーツクの考古学・民俗学・自然科学資料などを収集・展示している。赤いドームが特徴の建物はフランク・ロイド・ライトに師事した田上義也が設計したもの。

モヨロ貝塚館

・網走市北1条東2丁目
・電話　0152（43）2608
・開館時間　9：00〜17：00（11〜4月は16：00まで）
・休館日　月曜日、国民の祝日、年末年始（12月29日〜1月3日）、7〜9月は無休
・入館料　一般300円、高校大学生200円、小中学生100円
・交通　JR網走駅から徒歩約25分、女満別空港から女満別空港線バス「モヨロ入口」下車徒歩5分

モヨロ貝塚現地の博物館。発掘調査から明らかになったモヨロの人びとの暮らしを住居・墓・貝塚のテーマごとに紹介、併設する墓域展示室で発掘された墓地の様子を間近に見学できる。

モヨロ貝塚館「貝塚展示室」

北海道立北方民族博物館

・網走市字潮見309―1
・電話　0152（45）3888
・開館時間　9：30〜16：30（7〜9月は9：00〜17：00）
・休館日　月曜日（祝日の場合は開館、翌平日休館）、年末年始、7〜9・2月は無休
・入館料　一般550円、高校大学生200円、65歳以上・小中学生無料
・交通　JR網走駅から網走バス施設めぐり線で約15分「北方民族博物館前」下車すぐ（季節運行）。網走駅前からタクシーで約10分

ところ遺跡の森

サロマ湖畔の常呂町で発見された原始古代の集落跡で、森のなかに各時代の住居を復元した公園と、資料を収蔵・展示する「ところ遺跡の館」「ところ埋蔵文化財センター」「東京大学常呂史料陳列館」がある。網走市内からバスで約1時間。車で女満別空港から約50分、JR網走駅から約40分

遺跡には感動がある

――シリーズ「遺跡を学ぶ」刊行にあたって――

「遺跡には感動がある」。これが本企画のキーワードです。

あらためていうまでもなく、専門の研究者にとっては遺跡の発掘こそ考古学の基礎をなす基本的な手段です。また、はじめて考古学を学ぶ若い学生や一般の人びとにとって「遺跡は教室」です。

日本考古学では、もうかなり長期間にわたって、発掘・発見ブームが続いています。そして、毎年厖大な数の発掘調査報告書が、主として開発のための事前発掘を担当する埋蔵文化財行政機関や地方自治体などによって刊行されています。そこには専門研究者でさえ完全には把握できないほどの情報や記録が満ちあふれています。しかし、その遺跡の発掘によってどんな学問的成果が得られたのか、その遺跡やそこから出た文化財が古い時代の歴史を知るためにいかなる意義をもつのかなどといった点を、莫大な記述・記録の中から読みとることはなはだ困難です。ましてや、考古学に関心をもつ一般の社会人にとっては、刊行部数が少なく、数があっても高価なその報告書を手にすることすら、ほとんど困難といってよい状況です。

いま日本考古学は過多ともいえる資料と情報量の中で、考古学とはどんな学問か、また遺跡の発掘から何を求め、何を明らかにすべきかといった「哲学」と「指針」が必要な時期にいたっていると認識します。

本企画は「遺跡には感動がある」をキーワードとして、発掘の原点から考古学の本質を問い続ける試みとして、日本考古学が存続する限り、永く継続すべき企画と決意しています。いまや、考古学にすべての人びとの感動を引きつけることが、日本考古学の存立基盤を固めるために、欠かせない努力目標の一つです。必ずや研究者のみならず、多くの市民の共感をいただけるものと信じて疑いません。

二〇〇四年一月

戸沢充則

著者紹介

米村　衛（よねむら・まもる）

1956年生まれ。
明治大学大学院文学研究科博士前期課程修了。
網走市立郷土博物館学芸員・館長として、オホーツク沿岸域の埋蔵文化財調査・研究に携わる。米村喜男衛は祖父にあたる。
おもな著書　「北海道における先土器時代終末の様相」（『駿台史学』58)、「北海道、越川遺跡における約2万年前の細石刃様の石器」（共著、『第四紀研究』30-2)、『喜多山3遺跡・喜多山4遺跡』（共編、網走市教育委員会）ほか。

写真提供（所蔵）
網走市立郷土博物館：図7・11・13・28・30・40・44・45・46
東京大学大学院人文科学系研究科附属北海文化研究常呂実習施設：図14・16・19・20・21・23・25・26
徳島県立鳥居龍蔵記念博物館：図8
（カバー写真・図40「牙製の女性像」は現在、北海道立北方民族博物館所蔵）

上記以外は著者

シリーズ「遺跡を学ぶ」001

北辺の海の民　モヨロ貝塚

2004年 2月 15日　第1版第1刷発行
2020年 4月 15日　第1版第3刷発行

著　者＝米村　衛

発行者＝株式会社　新 泉 社
東京都文京区本郷2−5−12
TEL 03（3815）1662 ／ FAX 03（3815）1422
印刷／太平印刷社　製本／榎本製本

ISBN978−4−7877−0431−3　C1021

シリーズ「遺跡を学ぶ」

北海道の遺跡

012
北の黒曜石の道　白滝遺跡群
木村英明
世界第一級の黒曜石原産地、白滝での石器生産システム解明と道内およびサハリン・シベリアの遺跡研究から、北の物流ネットワークと人類拡散のドラマを浮かび上がらせる。1500円＋税

074
北の縄文人の祭儀場　キウス周堤墓群
大谷敏三
新千歳空港にほど近い石狩低地帯南部の落葉広葉樹林のなかに姿をとどめている直径数十メートルにおよぶ環状の土手でかこんだ縄文後期の墓地から北の縄文社会をさぐる。1500円＋税

097
北の自然を生きた縄文人　北黄金貝塚
青野友哉
噴火湾をのぞむ伊達市・北黄金の丘で、累々と積みかさなったカキ・ホタテ・ハマグリの貝殻とともに、死者を篤く葬った墓やシカの頭骨を祀った儀礼の跡がみつかった。1500円＋税

098
北方古代文化の邂逅　カリカリウス遺跡
椙田光明
国後島を間近にのぞむ北海道東部の町・標津の伊茶仁（いちゃに）川流域に広がるトビニタイ文化や擦文文化などの住居跡から北方古代文化の交錯と盛衰の軌跡を描く。1500円＋税

128
縄文の女性シャーマン　カリンバ遺跡
木村英明・上屋眞一
石狩低地帯、恵庭市にある土坑墓の底を厚くおおうベンガラ層から大量に出土した櫛をはじめ頭飾り、耳飾り、腕輪など彩りあざやかな漆製品に縄文人の精神世界をさぐる。1600円＋税